산티아고에서
뉴욕까지

방 민 기행수필집

초판 인쇄  2024년 11월 1일
초판 발행  2024년 11월 7일

**지은이**  방 민
**펴낸이**  방인태
**펴낸곳**  에세이아카데미

출판등록 2019년 2월 14일 제2019-000024호
주 소  01024 서울특별시 강북구 인수봉로 55가길, 16-20(수유동)
전 화  010-8886-1491
이메일  hongsan1305@naver.com
ⓒ 2024 방 민
　값 15,000원
ISBN 979-11-967770-0-5 (03810)

*이 책의 저작권은 저자에게 있습니다. 저자 허락 없이 무단 전재 및 복제를 금합니다.
*잘못된 책은 바꿔드립니다.

이 도서의 국립중앙도서관 출판 시 도서목록(CIP)은
서지정보유통지원시스템 홈페이지(http://seoji.nl.go.kr)와
국가자료공동목록시스템(http://www.nl.go.kr/kolisnet)에서 이용하실 수 있습니다.

▶ 에세이문고 6

# 산티아고에서 뉴욕까지

방민 · 기행수필집

에세이아카데미

서문

# 기행수필집을 내며

무작정 걷고 싶은 욕망이 두 번째 산티아고 순례길로 나서게 했다. 8년 만이다. 두 발로 걷고 나서 네 바퀴로도 달리고 싶어 미국 땅으로 건너 갔다. 한국은 자동차로 마음껏 달려보기에는 택없이 부족하다. 좁은 땅이 그나마도 둘로 갈라져 더욱 목마르게 한다. 산티아고까지 타고난 발로 걸으며 세상을 구경했다면 문명의 기계를 이용해 또 다른 세계, 미국을 만나보았다. 다르고도 같은 여행. 그렇게 지난 2년간 색다른 삶의 흔적을 묶는다.

서로 다른 행태로 가족 곁을 한 달 이상 떠나서 따로 다녀보았다. 코로나 팬데믹으로 갇혀 지냈던 3년여 기간을 마치 보상받으려는 듯 그렇게 두 해를 특별하게 보냈다. 떨어지는 물도 때를 놓치면 물레방아를 돌릴 수 없다. 흐르는 세월도 마찬가지다. 한때라도 물처럼 가두지 않으면 흔적도 없이 사라져 버릴 터. 스마트폰을 부지런히 놀리는 건 모두 그때문 아닌가. 디지털 소통에 의존하는 것이지만 오래된 인류 발명품인 문자로 기록하는 것과 어찌 견줄 수 있으랴.

걸으며 만났던 인연, 차창 밖 스쳤던 풍경을 여정마다 블로그에 올렸다. 사진을 곁들여 그날그날 느낌을 업로드했다. SNS에 올린 것을 종이 질감을 느끼며 한 페이지씩 보고 싶어 책으로 펴낸다. 아무리 인터넷 시대라지만 웹으로 본다는 것은 그 질감이 책의 입체성을 능가할 수 없다. 어느 날엔가 몸이 영零으로 변전한다 해도 어느 구석 자리에 활자화된 흔적은 남을 수 있으리라. 삶의 본태적 허무성을 상쇄하려는 나만의 방식이라 해두자.

　수필집이라 하지 않고 기행수필집이라 붙인다. 수필적 감성으로 체험을 걸러내기보다 산문적 이성으로 분석하고 풀이하며 세상을 바라본 까닭이다. 수필로도 부족하고 기행문과도 거리가 있다. 어정쩡하나 양쪽을 다 부듬어 주는 경계라고 할까. 아니면 그간 써왔던 수필의 습성을 탈피하여 별다른 제재, 색다른 문장을 시도했다 할까. 1부~8부 글 대부분 약간 들뜨고 소란한 상태에서 떠오른 느낌을 바로바로 갈무리했기에 차분하지는 않을 거라고 미리 고백해둔다.

2024년 만추, 逸洞齋에서

차례

서문 • 4

# 1부_까미노 풍경

짐을 꾸리며 …… 16
빼앗긴 와인 병따개 …… 17
스페인 아줌씨 …… 18
늘 하던 대로 …… 20
티켓 전투기 …… 23
한국의 힘 …… 25
깔끔한 글 …… 28
8년 세월 …… 30
순례길 최고 코스 …… 33
작심삼일 …… 36
자동차 산티아고 …… 38
까미노 풍경 …… 40
산티아고 악사 …… 42

## 2부_ 스페인 보름달

계산은 분명하게 …… 46

추모의 길 …… 48

스페인 보름달 …… 50

정중동 …… 52

너는 너대로 나는 나대로 …… 54

만원입니다 …… 56

포도밭 사이 …… 58

581km …… 60

한국식 산티아고 매뉴얼 …… 62

어쩌다 마주친 그대 …… 64

해바라기 밭길 따라 …… 68

달 보며 …… 70

새벽 전사들 …… 72

## 3부_ 알베르게

최후의 만찬 ······ 76
한잔의 추억 ······ 78
젊은 그대 ······ 80
강사부 우육면 ······ 82
즉각 리액션 ······ 84
한글날 유감 ······ 86
낄끼 빠빠 ······ 88
목표 지향뿐 ······ 90
알베르게 ······ 92
지루한 길 ······ 94
소인배와 소국 ······ 96
산티아고 길은 힘든가 ······ 99
프리한 구역 ······ 102

## 4부_ 싸가지 없는 X

여행과 방랑 …… 106
다시 만나요 …… 108
혼자 가는 길 …… 111
제대로 걸렸다 …… 113
돕고 삽시다 …… 115
걷기 4단계론 …… 117
인간 조건 …… 119
꼴불견 …… 121
언제쯤 고쳐질까 …… 123
싸가지 없는 X …… 125
아날로그와 디지털 …… 127
오, 세브레이호 …… 129
자학적 쾌감 …… 131

## 5부_ 묵시아 가는 길

산티아고도 변한다 …… 134
고행의 길 …… 136
어머니와 아들 이야기 …… 138
행복 덩어리 …… 140
같은 걸까요 …… 142
이름도 성도 몰라 …… 144
양말 구이 …… 146
걷기 멍 …… 149
다시 원점에서 …… 151
성취감을 맛보려면 …… 153
묵시아 가는 길 …… 156
잘 걷는 법 …… 156
감자전과 막걸리 …… 160
묵시아에 와 보니 …… 162

## 6부_ 뉴욕 로또

취중 미입국 …… 166
어쩌다 미국 로드트립 …… 168
음주를 허하라 …… 171
우리나라 좋은 나라 …… 173
브라이언트 파크에서 점심을 …… 175
뉴욕 로또 …… 177
뉴욕 베슬은 왜 8층? …… 179
트럼프처럼 산다면 …… 181
뉴욕 맨해튼 드라이버 …… 183
햇반과 컵라면 …… 185
삼시 세끼 …… 186
김밥과 샌드위치 …… 188
야구와 미국인 …… 190

## 7부_ 아이 러브 텍사스

천지인 ······ 194
플로리다 올랜도 해변의 남자 ······ 195
키웨스트 헤밍웨이 하우스 ······ 197
두 개의 혹은 낮은 변기 ······ 199
뚱보 나라 ······ 200
미소로 답한다 ······ 201
마이애미비치 여경을 만나다 ······ 203
어디나 돗자리만 깔면 ······ 205
레이디 퍼스트 ······ 207
비상등 ······ 209
미아리 텍사스 ······ 211
아이 러브 텍사스 ······ 213
뉴멕시코를 떠나며 ······ 215

## 8부_ 캄 백 쑨

미국인 친구 …… 220

다시 또 라스베가스를! …… 223

자동차 운전 천국 …… 225

직선과 곡선 …… 227

미국 미국인 …… 229

국민체조 …… 231

미국 화장실 사용법 …… 233

불쌍한 로스앤젤레스 시민 …… 234

캄 백 쑨 …… 236

미국식 경로 우대 …… 238

반세기만의 대화 …… 240

굳바이 아메리카 …… 243

# 1부_까미노 풍경

짐을 꾸리며
빼앗긴 와인 병따개
스페인 아줌씨
늘 하던 대로
티켓 전투기
한국의 힘
깔끔한 글
8년 세월
순례길 최고 코스
작심삼일
자동차 산티아고
까미노 풍경
산티아고 악사

## 짐을 꾸리며

드디어 산티아고 출발 일이 다가와 짐을 꾸린다. 속옷과 상의와 하의 각각 두 벌씩 챙긴다. 모자, 양말 세 켤레, 선글라스… 최소한 갈아입는 정도로 챙겨 간간 빨래하여 견딜 생각이다.

일용품도 간소하다. 세면도구, 수저와 물병, 컵 그리고 새벽 출발용 헤드랜턴, 숙소에서 마실 와인 따개, 저녁 찌개에 넣을 라면스프, 아침 식전에 먹을 즉석조리 스프뿐이다.

또 있다. 블로그에 노정기를 올리는데 필요한 스마트폰과 충전기, 아들 조언으로 마련한 노트패드와 휴대용 블루투스 키보드를 챙긴다. 여권, 항공 예약 서류, 스페인 도착 후 이틀간 머물 마드리드 민박 예약한 것과 안내 메일을 프린트하여 챙긴다.

2015년 1차 순례길 걸은 후 8년이 지났다. 그사이 내 삶도 여러 가지가 달라졌다. 퇴직했고 책도 몇 권 출간했다. 주름도 늘었고 예전보다 다릿심도 떨어졌다. 확인할 길이 없지만 마음도 변했을 터. 이번 순례길에 마음도 싸가서 혁신해 오고 싶다.

## 빼앗긴 와인 병따개

〈빼앗긴 들에도 봄은 오는가〉라는 시를 국어 교과서에서 읽어봤을 터. 누구나 기억할 것이다. 빼앗긴 와인 병따개는 들어보았는가? 아마 그러지 못 했으리라. 그러면 병따개 일화를 들어보시라.

한국에서 출국할 때는 배낭에서 병따개를 꺼내게 해 살펴보더니 통과시켰다. 혹시나 하던 걱정은 사라졌다. 홀가분하게 날아서 병따개는 나를 따라 사우디아라비아 제다에 도착했다. 어두컴컴한 좌석 선반에서 불안했을 텐데 주인을 믿고 배낭 속에서 잘 견딘 것이 대견했다.

첫 순례길에서 와인 병따개가 없어 곤란한 적이 여러 번이었다. 그 기억 때문에 이번 여행 준비물 일 순위로 챙긴 소품. 챙겨간 병따개 진가를 확인해 볼 기대로 사우디 항공의 무알코올 음료인 커피와 주스를 아쉬워하며 여러 잔 마셨다.

아뿔싸! 제다에서 스페인 마드리드로 가는 환승 검색대에서 복병이 기다릴 줄 몰랐다. 코 아래 인중부터 턱을 감싸고도 목까지 털이 덥수룩한 항공보안 검색요원이 배낭을 열라 했다. 이리저리 살펴 와인 병따개라는 것을 확인까지 하고 한쪽 통에 휙 내동댕이쳤다. 아, 타국에서 생이별하다니! 와인 병따개, 너도 나를 그리워할까?

## 스페인 아줌씨

마드리드행 환승 항공기에서 동반자가 나를 안쪽 좌석으로 밀어 넣는다. 이미 창가 좌석엔 늙수그레한 여인이 자리잡고 있다. 분명 내 좌석이 통로 쪽인데 몇 번 사양해도 막무가내다. 이미 그녀와 눈길이 마주친 뒤라 장 교수 속내가 의문인 채로 일단 밀려 앉는다. 무심결에 그녀를 보며 입 밖으로 튀어나온 말은 "헬로~."

한마디가 신의 한 수로 깨닫기는 꽤 오랜 시간이 흘러야 했다. 와인도 제맛을 내려면 숙성 기간이 필요하고 사람도 진국인 줄 알려면 어느 정도 스며드는 시간이 필요하다. 옆자리라 기내식도 건네주고 화장실 갈 때 최대한 작은 몸을 더욱 웅크려 비켜주곤 했다. 코리안이라 밝히고 서투른 영어로 일정도 말했다. 마드리드 도착이 얼마 안 남았을 때 프린트한 민박집 주소를 보여주니 스마트폰을 켜 검색하고, 아토차역까지 동행하겠단다. 진리는 세상 여기저기에 나뒹구는 돌덩이인지 모르나 그걸 귀한 수석으로 격상시키는 건 눈 맑은 이가 아닌가. 몽매한 나는 마드리드 공항에 도착해서야 그녀가 진국이라는 걸 알아볼 수 있었다.

마드리드 공항에서 그녀는 내국인이라 빠르게 입국 통로로 나갔다. 긴

줄을 뚫고 나오는 우리를 내내 기다려준 그녀는 웃으며 맞이했다. 터미널1에서 터미널4까지 셔틀버스를 태워주더니 그곳에서 아토차역까지 트램에도 동승했다. 목적지인 알콘역행 전철 입구에 이르러 입구를 가리키고는 달랑 배낭 하나 멘 차림새로 슬리퍼를 끌며 사라졌다. 우리는 합창했다. "무차스 그라셔스!"(스페인어, 대단히 감사합니다)

알콘역에서 민박집 문을 밀기까지 길에서도 여러 스페인 사람의 도움을 받았다. 그들은 바쁘게 걷다가도 길을 물으면 지도를 검색해 알려주기를 마다하지 않았다. '무차스 그라셔스'를 오직 그녀에게만 한 건 아니었다.

작별 전. 스페인 아줌씨와 아토차역 구내

## 늘 하던 대로

집을 떠나온 지 이틀째. 시차 때문에 활동 시간이 달라져도 장소가 바뀌어도 평소 하던 대로 사람은 하게 마련인가 보다. 산티아고 가는 길을 걸으려 여기 스페인 마드리드에 왔는데 집에서 하던 대로 하는 게 여럿이다. 옛말에 있잖은가. 제 버릇 개 못 준다고. 아, 또 있다. 집에서 새던 바가지 밖에서도 샌다는 우리 속담. 옛말 틀리는 게 하나도 없다. 인생 한 주기 넘겨 살다 보니 알겠다.

새벽에 깨어 글 쓰던 게 여기서도 그렇다. 어제도 새벽 두 시 넘어 깨어났다. 침대에서 오래 견디지 못하고 몸을 일으켰다. 전투 장비를 갖추어 주방으로 가 자리잡았다. 짐보따리에 싸 온 노트패드와 키보드를 열고 글 두 편을 써 블로그에 올렸다. 시각 차이는 있어도 글은 늘 새벽에 시작한다. 글이 길어진다 해도 결코 오후로 넘기지 않는다. 더 오랫동안 글을 쓰고 싶은 나름대로 수칙.

민박 주변을 돌아보려고 장 교수와 함께 아침 산책에 나섰다. 주변을 돌다 보니 작은 공원이 보였다. 그곳에서 나는 국민체조 하고, 그는 맨발로 걸으며 알콜콘(Alcorcon) 공기를 맛보았다. 아침 체조는 30여 년 전부터 집은 물론이고 어디서나 공간이 있으면 하던 습관이다. 언제부터인지 장 교수는 맨발 걷기를 즐겨 했다. 여기 오기 전 동창 이 교장이 초대한 경기도 양평 산음 자연휴양림에서 하룻밤 자고 뒷산에 오를 때 보니 맨발이었다.

어제 민박집 주방에서도 그랬다. 마드리드 뿌라도 미술관과 식물원을 돌아보고 오던 길에 저녁 먹거리를 사 왔다. 문어숙회, 하몽, 치즈, 포도 그리고 와인. 문어는 포장지를 뜯어 전자레인지에 돌리고, 하몽과 치즈는 포장을 뜯어 접시에 담아 상에 차렸다. 그와 와인 잔을 부딪치며 마드리드 둘째 날을 얘기했다. 어제 본 숙박객과 다른 셋이 주방에 합석했다. 얘기를 나누다 보니 늘 하던 대로 '~라떼는'을 어느새 읊고 있었다. 와인 한 병이라 길지 않은 게 다행이었다.

젊은 남자 둘과 한 여자. 여자는 혼자 파리를 돌고 오늘 이곳에 왔고, 둘은 여기를 돌아본 뒤 파리로 갈 예정이란다. 그들도 한국에서 하던 대로 이곳에서 행동했다. 직장 휴가 중인 두 남자는 저녁으로 라면을 끓였고, 대학 조교를 그만두고 새 직장을 찾는 도중에 쉬러 왔다는 여지는 한국 비비큐 치킨을 사 와 먹었다. 외국에 와서도 시니어인 우리를 대하는 태도는 다르지 않았다. 적당히 예의 차리고 할 말은 했다.

하던 대로 하는 것이 있다면 이와 다른 것이 어찌 없겠나. 하던 대로만 하며 산다면 시니어는 더 낡아갈 것이고, 젊은이는 빨리 퇴보할 것이다. 그러지 않으려고 젊은이는 공간을 이동해 외국 여행에 나섰고, 우리는 산티아고를 향해 걸음을 뗀 것이다. 낯선 이곳 스페인 마드리드 교외 알콜콘에서 생면부지 젊은이들과 '~라며는'을 들먹였을지라도 새로운 만남이고 하던 대로 하지 않은 밤이 흘러만 갔다.

임시 서재, 민박집 식탁

## 티켓 전투기

교대로 하다가 연합했다가 적을 바꾸어 전투하는 중, 몇 차례 반복하는지 관중도 짜증스럽게 넘겨다본다. 이리 말하면 전자오락 게임을 하는 줄 넘겨짚을 수도 있다. 아니다. 우리는 아토차역에서 귀가(?)하려고 티켓 발매기와 씨름하는 거다. 티켓을 끊어야 여기 전철인 렌페(Renfe)를 타고 돌아갈 것 아닌가.

아침에 알콜콘 역에서도 그랬다. 자동판매기 앞에서 몇 차례 시도하다가 결국 창구 역무원에게서 샀다. 판매기에 찍힌 값보다 더 주고서. 렌페에 오르면서 각오를 다졌다. 돌아올 땐 반드시 판매기에서 티켓을 끊어야겠다고. 손가락 걸고 둘이 맹세는 아니 했지만, 늙다리 사나이 가슴 깊숙이 새겨넣지 않았던가.

처음엔 엉뚱한 판매기 앞에서 헤맸다. 우리 식으로 말하면 서울역에서 신설동 가는 전철표를 부산역행 열차표 파는 기계에 매달려 전투한 셈. 연전연패. 이것이 아닌가 봐, 하면서 주위를 살펴보니 모양은 같은데 사람들이 줄 서 있는 기계가 보였다.

드디어 표가 손에 들어왔다. 이건 러시아군에게 한 방 아주 크게 먹인

우크라이나 군사작전인 거였다. 지원국 협조 없이 해낸 거라 더욱 값진 승리! 결정적 작전은 동맹군 엿보기였다. 옆 판매기에서 티켓을 구매하는 걸 안 보는 척 훔쳐보고 몇 번 베팅하다가 걸려든 것. 아하, 이런 전투를 몇 번이나 더 치러야 귀국해 아내 앞에 설 것인가. 마드리드 아토차역은 우리나라 서울역 같다. 내일은 여기서 급행으로 4시간 거리인 팜플로나행 열차를 타야 한다. 어찌 되었든 집 나오면 생고생!

아토차역 렌페 발매기

# 한국의 힘

하룻밤 묵은 론세스바에스(Roncesvalles) 식당에서 한글을 만났다. 새벽에 그곳에 자리잡고 임시 집필실을 단독 운영했다. 물 마시러 간 싱크대 개수대 위에 안내판이 붙어 있다. 네 번째 순서, 스페인어, 영어, 불어 그다음에 한국어 한글이 반짝 날 보고 웃었다. 오메, 반가운 것! 새벽녘에 불끈 솟아오르는 힘을 느꼈다. 이제 진짜 케이컬쳐(K-culture) 위력을 스페인 국경 산골 마을에서 보다니. 많은 세계인이 묶고 가는 곳이 여기 아닌가. 그들에게 외치고 싶었다. "여러분! 나는 저기 네 번째 있는 한글로 글 쓰는 한국 수필가입니다."라고.

지난번엔 프랑스 파리로 유럽에 들어왔다. 파리에서 기차와 버스를 갈아타고 순례길 출발지인 생장에 왔다. 오면서 한국 실상을 알았다. 당시 케이컬쳐가 한국에선 나름대로 언론에 오르내렸다. 약간 으쓱한 마음으로 유럽 땅에 들어온 셈. 하지만 생장(Sainjant)행 기차간에서 프랑스 시골 노인네한테 한 방 먹었다. 테제베 우리 좌석 앞자리에 한 노인이 두꺼운 책을 읽고 있었다. 물어보니 일본 유명작가 무라카미 하루키 책이랬다. 그 노인은 우리 보고 일본인이냐고 물었다. 아니 한국인인데, 당신은 한국을 아십니까. 모른다길래 당황해 일본과 바다를 사이에 둔 이웃 나라라고 설명했으나 왠지 머쓱하기만 했다. 결정적 한 방은 기차에서 만난 그 노인이 스페인과 가까운 국경 마을에 사는 시골 농부(?)라는 걸, 동승한 버스에서 내리는 그를 보았다. 여기 벽촌 노인네, 무라카미 하루키를 읽는 것도 예사가 아니지만 그런데도 한국을 모른다는 사실이 더 가슴을 저리게 했다.

외국에서 우리 한글 안내판을 본 것은 사실 오래되었다. 90년대 말, 가족과 유럽 몇 나라를 여행한 적이 있다. 그때 스위스에서 산악 열차 타고 융프라우에 갔다. 그곳에서 한국을 만난 건 둘. 전망대로 오르는 승강기 안에서 본 한글 안내판과 한국어 방송, 전망대에서 팔고 있던 한국 라면. 융프라우 만년설을 바라보며 뭐라 말할 수 없는 자부심을 가슴에 꼭꼭 담고 내려왔다. 더구나 한국어와 한국문학을 전공하고 그것으로 밥 먹고 살며 이곳 땅까지 식구와 함께 올 수 있는 것도 그 덕인데, 서양 땅 그들 언어 사이에서 한국어를 만난 것 아닌가. 작고하신 부모님을 다시 뵙는 듯 눈과 귀가 번쩍 떠졌다. 융프라우 햇살에 빛나던 어슴푸레한 만년설로부터 받은 귀중한 선물을 안고 귀국하였다.

이제 대한민국은 세계 여러 곳에서 조상이 상상하지 못한 한국 힘을 자랑한다. 그렇게 되기까지 과연 나는 무엇을 이바지했는지 자신을 돌아보게 된다. 일개 범인이 할 수 있는 것은 국민의 4대 의무를 성실하게 수행하는 정도 아닌가 싶다. 그동안 교육의무와 병역의무, 근로의무와 납세의무를 다하며 살아왔다. 현업에서 은퇴한 지금은 달랑 하나만 남았다. 평생 의무로 남을 납세의무, 이것뿐이다. 세금은 내고 싶다고 마음대로 내고, 안 내겠다고 생떼도 부릴 수 없다. 납세 고지서가 오는 대로 내고 절세는 할망정 탈세는 하지 말자고. 이국땅에서 한국인의 힘과 의무를 함께 떠올려 생각해 보았다.

식당 싱크대 위 한국어로도 표기한 안내판

## 깔끔한 글

작가라면 누구나 좋은 글을 쓰고 싶어 한다. 나도 마찬가지. 하지만 좋은 글에 대한 기준은 장르마다 다르고 시대마다 바뀌고 작가마다 같지 않다. 수필과 평론을 쓰다 보니 깔끔한 글을 첫째 선결 요건이라 생각한다. 함께 공부하는 예비 작가들한테도 이걸 우선으로 강조한다. 물론 이리 말하면서 최대한 깔끔하게 쓰려고 몸부림친다.

여러 번 이러저러한 글에서 이 점을 밝힌 바 있다. 실천하기 쉽진 않지만 내 글이나 타 작가 글에서도 이 기준으로 쓰고 평한다. 그러면서 과연 내가 바른길로 가고 있는지를 수시로 자문자답한다. 그런 버릇 때문인지 순례길을 처음 걸어 쭈비리에 온 오늘도 그랬다. 스페인 국경부터 이어진 길과 농촌, 숲과 마을에서도 이점을 확인한다.

한마디로 참 깔끔한 사람들이 깔끔하게 사는구나. 편견일 테지만 스페인을 통틀어 한마디로 평가하게 된다. 스페인 역사는 대충 아는 정도. 한때는 세계를 호령했고 북아메리카에서는 영국이 남아메리카에선 스페인이 위세를 부렸다는 걸, 그 여파로 남미는 스페인어가 공통어라는 점. 집을 지으며 접했던 스패니시 기와도 세계에서 통용된다는 걸 알고 놀라웠다.

 아침 8시 전에 발걸음 떼어 오후 두 시 넘어 계획한 일정 21㎞를 걸어오는 중에 눈살을 찌푸리게 하는 것은 거의 없다. 오래전 일본에 갔을 때도 그들이 참 깨끗하게 정돈하면서 사는 걸 보고 일본인을 재인식한 계기가 되기도 했다. 제주도 올레길을 걸을 때와 너무 다르다. 확 트인 스페인 마을 풍경처럼 깔끔한 글을 써보자고 길에서 다짐해본다.

쭈비리 가는 길 풍경

## 8년 세월

쭈비리에서 배낭 메고 걸음 뗀다. 오늘은 21㎞ 거리인 빰쁠로냐(Pamplona)를 향해서. 두껍고 높다란 돌로 쌓인 성곽이 페레그리노를 입구부터 압도하는 도시. 8년 전엔 무릎 통증을 참으며 막연히 바라봤던 곳, 이곳에서 순례길 행보를 그만 접어야 하나 고민하며 들어섰던 도시. 하룻밤 자고 나니 말끔해져 기적이라는 글도 썼던 곳. 아, 빰쁠로냐!

8년 전과 달리 이번은 프랑스 쌩장이 아닌 스페인 론세스바에스부터 노정을 시작했다. 배달 서비스로 짐을 덜지 않고 7㎏쯤 되는 배낭을 등판에 모신 채 걸었다. 동반자와 떨어져 각각 걸었다. 봄에서 가을로 계절도 바뀌었다. 프랑스 파리로 입국하지 않고 스페인 마드리드부터 유럽 땅에 발자국을 찍기 시작했다. 8년 전과 달라진 걸음이 대강 이렇다.

쭈비리에 입성하며 건넜던 아르가(Arga) 개천 위 돌다리를 다시 건너면 오른쪽으로 길이 휘어진다. 언덕 위 마을로 길이 뻗어간다. 그곳 돌집 담장에 붙은 청색 사각 바탕에 노란 조개 그림 표시, 만나면 반갑고 정다운 시그널. 가야 할 방향을 안내하는 그림과 또 노란색 화살표가 순례꾼에겐 가이드다. 왼쪽 길로 향하도록 도안 된 그림과 화살표 방향이 달라져 혼동스럽다. 8년 전엔 그러지 않았다.

길바닥도 바뀌었다. 경로가 달라지기도 했고 자연성에 인공성이 가미되었다. 주로 흙길이던 곳이 군데군데 시멘트와 돌판으로, 또는 파쇄석이 깔린 곳으로 길은 좋아졌지만 발바닥 촉감은 나빠졌다. 희미한 기억이지만 새로운 건물이 들어선 것 같기도 하고, 문을 열었던 카페, 레스토랑, 바가 폐업한 곳도 더러 보였다. 폐가도 길가에서 외로이 고개를 꺾고 있었다. 세계를 휩쓸었던 코로나 팬데믹이 할퀴고 간 흔적은 아닐지?

하지만 세월이 모든 것을 바꿔놓은 건 아니다. 그때나 지금이나 이 길을 걷고자 하는 사람은 여전하다. 늘 그렇듯 마주치면 미소를 머금고 올라(Hola, 스페인어 안녕), 또는 부엔 까미노(Buen Camino, 스페인어, 좋은 순례)라 말하는 스페인 사람들은 변하지 않았다. 무니시팔(Municipal, 공립)이건 가톨릭교회가 운영하는 알베르게(Alberge, 숙소)건 순례객으로 붐비는 것도 달라지지 않았다. 정말 변했으면 바랐던 것이지만, 침대에 누우면 들리는 높고 낮은 코 고는 소리 역시 그대로다.

전에 비해 달라진 것이 더 많다. 세월 앞에 장사 없다는 말이 왜 있겠나. 세월은 물처럼 흘러가는 것이고, 흐르는 물 따라 하나둘씩 바뀌는 것이 세상살이 상수 아닌가. 아마도 또 이 길을 걷게 된다면 달려간 세월만큼 다양한 변화를 목격하게 될 것이다. 변하는 것을 아쉬워하고 회고조

감상에 빠져 '~라떼는'을 읊조리기보다 힘에 겹지만 적응하는 게 옳지 않겠냐고 생각을 고쳐 본다.

새로 설치한 순례길 코스 안내판

폐업한 것으로 보이는 길가 카페

# 순례길 최고 코스

'용서의 언덕(Alto Del Perdon)'을 오르는 코스가 최고다. 지난번엔 그런 생각도 못 하고 허위허위 올랐지만 이번엔 그걸 실감했다. 이렇게 말하면 누군가 물을 것이다. 왜 그게 최고라 생각하는지 말해달라고. 누구나 각자 느낌과 생각이 다르겠지만, 굳이 그걸 밝히라고 하면 때론 난감할 수 있다. 물정 판단이 미숙한 어린애에게 흔히 '아빠와 엄마 중 누가 더 좋으냐'고 묻는 말과 같아서다.

아는 사람이 묻는다. 산티아고 순례길 다녀왔다고 말하면, 흔히 그런다. 가장 좋은 게 뭐냐고? 또는 혹시 그중에 제일 불편한 게 뭐냐고, 얼마나 힘드냐고 묻는 건 차라리 점잖은 물음이다. 비용이 얼마나 드냐? 먹는 건 어떻게 해결하냐, 등등 등, 끝이 없다. 뭐, 나도 미리 다녀온 은퇴한 지인 교장에게 물었다. 숙소 화장실에 휴지는 비치해 놓았는지를! 개인 관심사에 따라 다르지만 나도 그들도 궁금한 게 있다. 스스로 경험하지 못한 것을 간접으로라도 알아보고 싶어 한다.

그래서 말한다. 사실 여부에 관한 것은 손가락으로 휴대폰 검색창에서 해결할 수 있다. 궁금하지만 그렇게 안 되는 게 있다. 특히 개인 견해이고, 그것도 열린 공간에서 찾을 수 없는 것. 또는 다양한 의견이 있을 수 있는 것. 그런 차원에서 오늘 걸어온 '용서의 언덕' 길이 최고가 아닐까 하고. 물론 남은 코스도 30여 개가 있으니 언제든 바뀔 수는 있겠다. 하지만 8년 전 기억을 되살려봐도 딱히 떠오르는 게 없다. 생각이 달라질지 모르지만 일단 이리 믿고 최고의 길 이유를 과감하게 밝혀 보겠다.

첫째, 산티아고 순례길 핵심 의미가 담겼다. 기독교 성인인 야곱이 걸어간 길을 따라가면서 사랑과 용서의 정신을 생각해 보는 길이다. 그가 그렇게 멀리 그쪽으로 걸어갔을 이유는 무엇인지, 또 나는 왜 이 길에 나서서 걷고 있는지를, 순례길 첫발을 뗀 지 사흘이나 나흘쯤 되면 불현듯 다가오게 된다. 몸도 점차 피로가 누적되어 힘들기 시작한다. 배낭이 짓누르는 아픔을 견디며 한 발 한 발 오르다 보면 순례길 풍경을 형상한 철제 조각품이 맞아준다. 한숨 쉬고 걸어온 길과 걸어갈 길을 땀을 말리며 바라보면, "아!"라고 저절로 감탄사가 입술을 비집고 터져 나올 것이다.

둘째, 순례길 전형적인 길이 모두 골고루 다 섞여 있다. 피레네(Firene)산맥을 넘었거나, 론세스바에스로부터 걸었거나 빰쁠로냐까지 오는 길은 산악지역이라 변화 폭이 넓지 않다. 이 길은 다르다. 대도시 빰쁠로냐를 빠져나오는 길은 도시 포장도로. 아침 시간에 엿볼 수 있는 그들 삶의 일부. 등교하는 대학생들(시내 외곽에 Navarra 대학이 있다), 아이를 학교에 데리고 오는 학부모들, 출근길의 시민들, 다양한 점포들. 한동안 교외 차도를 건너고 한적한 주택가 길을 지난다. 얼마간 걷다 보면 마을이 보인다. 물도 마실 수 있고 카페도 들를 수 있다. 그곳을 벗어나면 그때부터 시골 흙길과, 자갈길이 번갈아 나타난다. 조금씩 경사가 급해지며 산길을 타고 오르면 얼핏얼핏 '용서의 언덕'이 나타난다. 각종 순례길이 혼합된 대표 로드다.

  셋째, 한국에서 보던 풍경과 전혀 다른 색다른 맛을 느낄 수 있는 길. 앞으로 걸으며 자주 접할 다양한 길이 있다. 하지만 풍경을 요약해보자. 멀리 산악이 뻗어 있고, 그곳엔 현대판 세르반테스 돈키호테에 나오는 풍차, 풍력 발전기가 돌고, 나지막한 구릉에 밭이 펼쳐있고, 중간쯤에 가톨릭교회가 붉은빛 스패니시 기와집 사이로 우뚝한 마을 전경. 간간이 그 사잇길로 지나는 자동차. 아마 이것들 배합에 따라 조금씩 다른 길이 순례길에서 자주 만나는 자연과 인간이 어우러진 풍경이다. 이 길에서 마지막 하이라이트는 '용서의 언덕'에 서서 순례꾼을 맞이하는 12명의 순례객 형상 철제 평면 인물상, 그들을 배경으로 기념사진을 몇 장 찍고 나면, 누구라도 이 자리에 서 있는 자신이 왠지 대견하기도 하고 숙연해지기도 하며, 용서라는 단어 의미를 되새기게 되리라. 최고 코스라 여겨도 되지 않겠는가.

## 작심삼일

출발한 지 2일 만에 그가 달라졌다. 보통은 작심 3일인데 조금 빨랐다. 동행한 장 교수 이야기다. 둘이 배낭 지고 순례길을 완보하기로 정했다. 1차 순례길 도전에서 아쉬운 게 미리 갈 숙소가 정해진 거였다. 짐이 그곳에 미리 가 있으니 그걸 찾으러 갈밖에 어쩌겠나. 신체 조건이나 숙박지 선호에 따른 결정권을 미리 반납하고 걷는 게 아쉬웠다. 그래서 2차 도전은 오래전 결심했고 동반자한테도 그렇게 얘기했고 그도 그러자고 했다.

론세스바에스부터 첫날 걸음을 뗄 때는 장 교수 발걸음이 가벼웠다. 혹시 내가 앞에서 걸으면 부담이 될까 봐 그 뒤를 따르며 그의 페이스대로 걷게 했다. 그날은 기분 좋게 잘 걷고 첫날 목표지인 쭈비리에 도착했다. 간간이 물어보아도 아무런 문제가 없고 컨디션도 꽤 좋아 보였다. 이대로라면 우리 도전은 무리 없이 성공할 거라고 예단했다. 그가 나보다 뒤처져 쫓아오느라 힘들어하면 더욱 곤란해질 것이니까. 페이스를 그에게 맞추어 뒤따라 편안하게 발걸음을 떼었다.

둘째 날 빰쁠로냐로 오는 도중에 사달이 날 조짐이 보였다. 앞에서 걸는 그에게 쉬고 싶으면 쉬고 목을 축이고 싶으면 그러라고 길 위 진행을 온전히 일임했다. 그날 목표지에 반쯤 정도 걸었다. 배낭을 멘 어깨가 아프다고 길 위에서 파스를 붙여달라 했다. 보기에도 그의 배낭은 무거워 보였다. 출발 전에 최대한 짐을 줄여서 8kg 이하로 만들라 했다. 내 짐은 7kg에 못 미치는데, 그의 것은 나보다 더 무거워 보였다. 초행이라 이것저것 챙기다 보면 그럴 수 있고, 체격도 나보다 커서 문제가 없을 줄 알았다.

빰쁠로냐에 입성해 저녁 식탁에서 변심을 털어놓았다. 내일부터 짐을 배달시키고 가볍게 걷겠다고. 약속 위반이라고 따지지 않았다. '작심이일'이라고 놀리지도 않고 그 결정을 존중했다. 이보다 중요한 것은 함께 끝까지 걷는 거니까. 다음 날부터 그는 배달료 6유로에 그것을 말끔하게 해결했다. 나도 큰소리칠 깜냥은 아니다. 아직은 견딜 만하지만 언제 마음을 바꿀지 모른다. 딜리버리 서비스료가 8년 전 1.5~2유로에서 3~4배가 오른 건 문제가 아니다. 나에겐 '작심며칠'이 될지 궁금해진다. 일단 고우고우(gogo)다.

배달 신청한 배낭들

# 자동차 산티아고

산티아고로 가는 길은 여럿이다. 그중 우리는 프랑스 루트를 선택해 간다. 모두가 이 길을 걷는 건 아니다, 제일 많은 사람이 가는 인기 루트이지만 길이 여럿인 만큼 가는 방법도 사람에 따라 다양하다. 각자 살아가는 인생 그림도 다르듯 목적은 같아도 방법이 다른 게 정상 아닌가.

배낭을 메고 쌩장부터 산티아고까지 한 달쯤 걸리는 길을 걸어가는 게 정통이다. 하지만 우리처럼 론세스바에스부터 시작하듯 출발지가 다른 사람도 있다. 또는 100km 이상을 걸으면 받을 수 있는 완보 인증서 때문에, 그 거리에 있는 사리아(Saria)부터 걷는 사람도 있다. 배낭을 메고 걷지 않고 배달 서비스를 이용하기도 하는 사람, '작심이일' 장 교수도 그렇다.

반드시 걸어야만 하는 게 아니다. 예전에 말이나 당나귀를 타고 간 것처럼, 현대는 자전거로 가는 것도 허용한다. 이건 200km 이상이면 완주 인증서를 받을 수 있다고 한다. 걸어가든 자전거를 이용하든 출발지가 어디든 산티아고까지, 그것도 100km나 200km나 거리도 다를 수 있다. 중간중간 자동차를 이용할 수도 있다.

에스떼야(Estella)로 출발하기 전 어제 먹고 남은 채소로 혼종 음식을 만들다 보니, 무거워 숙소에 남겨둔 라면스프가 아쉬웠다. 어제저녁과 아침에 국물로 유용한 라면스프가 더 있으면 훨씬 입에 맞는 요리로 음식의 낯섦을 이길 수 있다. 몸이 피곤하면 음식 맛으로 풀 수도 있는데 이곳 음식은 어쩔 수 없이 먹는다. 이런 상황을 맞닥뜨리면 해소하려고 특별히 준비한 게 라면스프였다.

이틀을 걷고서 배낭이 무겁다고 배달 서비스를 이용하려는 동행을 보고 짐을 줄여야겠다고 생각했다. 지금껏 요리하기보다 알베르게 근처 상점에서 전자레인지에 데워 먹을 수 있는 즉석식품을 사와 애용했다. 앞으로도 그럴 것이라 예상하니 무겁게(?) 스프 봉지를 멜 필요 없다. 빰쁠로냐 주방 냉장고에 넣어놓은 이유. 누군가 이용할 수도 있게.

뿌엔테 라 레이나(Puente La Reina)에서 저녁과 아침 식사를 라면스프 넣고 끓여 잘 먹고 나니 두고 온 게 아쉽다. 그걸 다시 가서 가져오는 게 최선이다. 넣어둔 곳에 그대로 있기를 바라면서 일단 가보기로 했다. 가야 할 길과 역 방향의 빰쁠로냐행 버스를 타니 30분 만에 시외버스 정류장에 도착했다. 다행히 그곳에 얌전히 앉아 있었다. 50분간 버스 타고 오늘 숙박지 에스떼야로 왔다. 자동차를 이용한 변칙의 하루였다.

## 까미노 풍경

까미노 길에서 만나는 다양한 풍경들. 순례를 시작한 지 며칠이 안 되어도 많은 경험이 그냥 파도가 밀쳐오듯 덮쳐온다. 어쩌면 이게 진정한 까미노 매력이 아닌가 싶다. 그냥 무작정 걷기만 한다면 금세 지루하거나 짜증 나서 도인이 아닌 이상 지속하기 어려울지 모른다.

세상 모든 사람을 만난다. 인종 전시장이라 말해도 될 듯하다. 피부색, 국적, 나이, 성별이 섞이고 부딪힌다. 눈인사 나누고, 말이라도 오고 가면 금방 친구가 되어 함께 걷고 식사도 같이한다. 십년지기처럼 각자 이런저런 얘기를 꺼낸다. 유창한 영어가 아니어도 웃거나 끄덕이며 대충 통한다.

아직 이른 새벽인데도 부스럭거리며 짐을 싸 헤드랜턴을 켜고 새벽길을 나서는 사람, 퇴소 시간인 8시쯤 일어나는 여유로운 사람, 아침을 숙소에서 먹는 사람, 가다 사 먹는 사람, 남겨둔 남의 음식을 일찍 일어나 몰래 먹어 치우고 가는 사람, 먹을 만큼 먹고 남겨두는 사람, 각자 방식대로 순례길 하루를 연다.

옷차림도 다채롭다. 반바지에 반소매로 다니는 사람, 샌들을 신고도 잘 걷는 사람, 스틱을 꼭 챙겨 다니는 사람, 개와 함께 걷는 사람, 동반자와 끝없이 얘기를 주고받으며 걷는 사람, 글감이 될 만한 것이 무엇인지 열심히 두리번거리며 걷는 나, 각양각색 사람이 오늘도 내일도 순례길을 메우며 걷는다.

주방 겸 식당 아침 풍경

## 산티아고 악사

　어디든 유명 관광지에 가면 길거리 악사를 흔히 본다. 사람이 잘 다니는 길목에 자리잡고 그 앞에는 작은 그릇을 놓는다. 연주를 들은 사람이 던져주는 동전 몇 푼을 받는다. 음악을 듣는 귀가 얇아 그들 연주 소리를 듣다 보면 모두 유명 연주자가 아닌가 싶다. 해서 간혹 그 앞을 지나며 한둘 동전을 가끔 던지기도 한다.

　그들이 연주하면서 받는 금전이 생계에 활용되는지, 아니면 연주 활동에 도움되는지 알 수 없다. 그러면서도 가끔 애달픈 생각이 든다. 내 귀에는 훌륭한 연주로 들리는 음률을 만들기까지 공력의 세월이 만만치 않았을 거라는 생각이 든다. 학술 논문을 발표하며 시간 강사로 떠돌던 과거가 어렴풋이 겹치기 때문이다.

　남 앞에서 거리 연주를 한다는 것은 아마추어의 예술 애호주의 정신으로 되는 것은 결코 아니다. 프로페셔널한 나름의 전문성을 갖추지 않고는 쉽게 나서기 어려울 거다. 충분한 실력을 갖추었는데 마땅한 자리를 못 잡아서 그럴 것이라는 생각이 드는 건 내 과거를 투영해서만은 아니다. 노파심일지 모르나 그들을 볼 때는 왠지 가련한 마음이 한 줄기 바람이 되어 가슴속으로 흐른다.

에스떼야(Esteya)에서 로스 아르고스(Ros Argos)로 오는 도중에 비슷한 경우를 만났다. 얼핏 보이는 바로는 지나가는 순례객에게 몇 푼 적선을 받으려는 행위로도 보인다. 늙수그레한 여인이 손풍금을 연주하는 길을 지난다. 여러 생각이 한순간 오갔다. 달랑거리는 동전 몇 푼을 꺼내 그녀 앞에 놓인 그릇에 넣는다. 내딛는 발걸음이 한결 가볍게 느껴졌다.

산티아고 길 위 악사

## 2부_ 스페인 보름달

계산은 분명하게
추모의 길
스페인 보름달
정중동
너는 너대로 나는 나대로
만원입니다
포도밭 사이
581km
한국식 산티아고 매뉴얼
어쩌다 마주친 그대
해바라기 밭길 따라
달 보며
새벽 전사들

# 계산은 분명하게

　해물탕을 끓였다. 말이 해물탕이지 가져온 라면스프 국물에 홍합과 오징어, 이름도 모르는 조개가 담긴 냉동 포장을 뜯어 넣은 것. 거기에 호박과 감자, 대파와 양파를 대충 썰어 넣고 소금으로 간을 맞춘 변종 범벅탕이다. 그래도 셋이 먹기는 많다 싶은 양을 밥이랑 맛나게 먹었다. 순례길 노곤함이 단방에 사라졌다. 화이트 와인 한 잔을 곁들인 건 금상첨화 아닌가? 아, 또 있다. 꼬마 오이와 올리브 파 꼭지의 피클도 삼삼한 안주가 되었다. 브라보 만찬!

　우리 식탁이었다. 이 순례길에서 두 번째 요리(?)로 마련한 저녁 식탁. 그 순간 우리는 부러울 게 없었다. 장 교수와 나 말고, 뿌엔테 라 레이나에서부터 합류한 50대 초반 한국 남자도 한 팀이 되었다. 그곳에서 동서화합용(?) 수제비를 끓여 후원 식탁에서 스페인 바람을 쐬며 마냥 맛나게 먹었고 오늘이 두 번째였다. 둘 다 라면스프 덕이다. 이걸 빰쁠로냐에 놓고 왔다가 다시 돌아간 건 정말 잘한 일이다. 그 덕에 버스로 한 코스를 이동한 변칙을 저질렀지만 결코 후회할 게 아니다.

　이 길을 걷자고 약속한 것은 애초 셋이었다. 하나가 포기해서 둘이 되었다. 걱정한 것 중 하나가 음식 문제다. 이처럼 현지 조달로 문제를 해결한 셈. 두 번째는 도보 여행하며 들어가는 경비. 각자 부담하는 게 정상인데, 계산 방식이 선불인지 후불인지에 따라 다소 꼬일 수 있다. 한국에서 항공권과 마드리드 민박 경비는 따로, 또 분담해 처리했다. 마찬가지 원칙을 현지에서도 적용했다. 숙박비는 당연히 개인 결제이고, 그동안 먹은 음식값도 현장에서 바로 분담했다.

  이곳 식사비는 선택하기에 따라 많이 차이 난다. 오늘 셋이 부담한 저녁 찬거리 총 경비는 10유로, 와인 값은 뺀 거지만 배불리 맛나게 먹고 낸 것 치고는 꽤 적다. 쭈비리에서 먹은 저녁 비용으로 음식점에 각자 14유로를 지불했는데, 오늘 셋이 먹은 음식 재료비로 10유로밖에 안 된다니! 물론 더 싸게 먹을 수도 있다. 길고 딱딱한 바게트 하나면 서너 끼를 먹을 수 있고 그 값은 1유로 정도다. 하긴 거기에 와인이나 햄을 곁들인다면 다소 비용은 오르겠지만 저렴한 것은 사실이다. 오늘 저녁 경비가 10유로에 불과해도 장 교수와 나 그리고 50대 초반 한국남자는 상점 계산대 앞에서 바로 1/3씩 분담 지불했다.

# 추모의 길

오늘 알았다. 왜 그녀가 이 길에 있는지를! 배낭 뒤에 사진을 달아매고 걷는 그녀를 론세스바에스부터 보았다. 잘생긴 금발의 백인 남성이 사진 속에서 환하게 웃고 있다. 그녀를 앞지르면서 힐끗 봤지만 얼굴 윤곽도 나이도 알지 못했다. 뒤돌아보거나 옆에서 바로 볼 수가 없고, 힐끔 지나치면서 안 것은 여자라는 것뿐이었다. 세 번째 길에서 만난 오늘 비로소 그 사연을 확인했다.

로스 아르고스에서부터 로그로뇨(Logrono)로 오는 도중 2/3 지점, 에비애나를 목전에 둔 벼랑길 위에서였다. 앞질러 걷다가 길옆에서 기다리다 물었다. 실례지만 배낭 뒤 사진이 누구냐고, 예상대로 그녀 남편이었다. 결혼한 지 42년이 되었는데, 지난 12월에 저세상으로 갔단다. 이름은 패트리샤(Pattrisa), 미국 플로리다에 산다고 했다. 내년에 미국으로 여행 갈 예정이라 했더니 '좋아요!'라고 반겼다.

길에서 더 세세히 물을 수도 없지만 짐작해 볼 수 있다. 아마도 함께 산티아고 순례길을 걷자고 약속했는데 그걸 이행하기 전에 남편이 먼저 가버린 거였다. 혼자 남은 그녀만이라도 약조를 지키려 사진을 등에 모시고 함께 걷는 거라고 짐작했다. 그러면서 남편을 떠올리고 그와 지낸 삶을 되돌아보며 나름의 추모를 하는 게 아닐까 추정해 보았다.

산티아고 순례길을 걷다 보면 이따금 추모비를 만난다. 소박한 비석이지만 이름과 사연이 간단히 적혀 있기도 하다. 그 앞에는 돌무더기나 야생화도 더러 놓여 있다. 형태와 방식은 다르나 추모가 틀림없다. 각자 다른 사연을 가진 채 추모하는 길임을 생각하면 무심코 발걸음을 떼어 놓다가 왠지 숙연한 마음을 지울 길 없다.

하늘나라 간 남편 사진을 매달고 걷는 순례객

## 스페인 보름달

딸이 보내 왔다. 차례상 사진을 찍어 카톡으로. 처음엔 누구네 것인지 약간 헷갈리기도 했다. 사진을 확대해보니 우리 집이다. 분명 아내가 차린 것일 텐데 조금 의아했다. 출국하기 전에 이번 추석 차례는 거르는 것으로 함께 결정했다. 동생한테도 그 결정을 알렸다. 그런데 차례상이라니 알 수 없는 일이 일어났다.

올해 산티아고행을 결정하면서 여러모로 생각해야 했다. 누구랑 갈 것인지는 이미 정했고 다음엔 날을 잡는 거였다. 산티아고를 아홉 번이나 다녀온 선배 수필가에게 오래전 여쭈었다. 봄과 가을 중 어느 때가 더 좋았더냐고, 그녀는 망설임 없이 가을이 좋다 했다. 가을 언제쯤이 좋으냐고 이어 물어보니, 추석이 끝난 뒤가 적당하다 했다.

오래전에 들었기에 다음에 또 가게 된다면 반드시 가을을 선택하리라 마음먹었다. 코로나로 몇 년을 허비하고서 금년으로 결정했다. 추석 일자를 보니 9월 말께 있다. 이래저래 한 40일을 잡아야 하는데, 추석 뒤에 가면 걸리는 게 한둘 아니다. 고민하다가 어버이께 송구하지만 차례를 안 지내기로 작정하고 항공권을 6개월 전쯤 구매해 두었다.

추석 차례상은 올리지 못하는 대신 출국 전에 아내와 성묘를 다녀왔다. 이번 차례는 없는 거로 알고 출국했는데 난데없는 차례상 사진을 외국에서 받고 보니 심정이 착잡했다. 과연 차례도 거르고 와야만 했던 이 길인가. 다른 묘수는 없었는가 곰곰이 생각하며 스페인 하늘에 뜬 보름달을 하염없이 바라보았다. 아내가 말없이 웃는 모습이 겹쳐 보였다. 감사한 마음으로 마주 올려다보았다.

아내 혼자 차린 조촐한 차례상

## 정중동

 단조로운 풍경. 스페인 자연 풍광은 보기에 따라선 밋밋하다. 산티아고 순례길 전반 느낌이 그러하다. 지난번 동행했던 친구는 이삼일 부지런히 걸으며 멋있다고 감탄하며 사진을 마구 찍었다. 그렇게 모든 것을 삼킬 듯이 맹렬하게 걸었다. 며칠 더 지나선 진짜 볼 게 없다고 사진도 안 찍고 빨리 걷기만 했다. 길에서 오직 풍경만 바라보니 그렇다고 안타까워했지만 사실 그렇다.
 걷는 길 양옆으로는 멀리 산맥이 둘러싸고 있고, 나지막한 구릉 사이로 밭이 비스듬히 누워 있다. 그 사이사이 간간이 성당 첨탑이 보이는 마을에 돌벽 기와집이 옹기종기 모여 있다. 포도와 올리브 나무를 재배하고 푸른 목초지가 듬성듬성 보이며 추수하고 난 황토밭이 잠자고 있다. 하늘엔 언제나 파르라니 구름 몇 조각이 심심한 듯 홀가분한 듯 놓여 있다. 구름도 권태로운지 우리를 보곤 가끔 빙그레 웃음을 짓는다.
 이런 산티아고 순례길 주변 풍광을 한마디로 정의한다면 한 폭 풍경화다. 꿈틀대는 길짐승이나 날짐승도 없는 고요한 정물 세계다. 이런 풍광에 마을 사람이 유일한 동물인 셈. 고요를 깨며 그 땅을 생기 넘치게 하는 게 바로 순례꾼이다. 잠자는 정물 세계를 깨우며 활기가 번지는 생의 에너지를 순례객 발길이 불어넣는다. 그들 말소리가 침묵하는 이곳 공기를 자극해 순환시킨다.

마을에 들어서면 만나는 주민마다 반기며 '부엔 까미노!' 인사를 왜 건네는지 이제 알겠다. 그들에게는 순례꾼이 외부 자극제를 조금씩 뿌려대는 귀인인 것. 우리가 다니는 길을 더 편안하게 고치고 다듬는 이유를, 군데군데 앉아 쉬라고 의자를 마련해 놓았는지를, 길 잃지 말라고 방향 표시를 친절하게 붙여 놓았는지를. 그들은 우리가 그들 삶의 활력소가 되고 정의 세계에서 동의 세계로 전환해 놓는다는 것을 천 년이 넘도록 알기 때문 아닐까.

산티아고 가는 길 양쪽 밭들

## 너는 너대로 나는 나대로

벌써 나흘째다. 동행과 따로따로 걸은 지가. 그가 '작심이일'로 순례길 걷는 방식을 바꾸기 시작한 빰쁠로냐에서 뿌엔떼 라 레이나로 오면서부터다. 그 뒤 서로 각자 편리한 시간대 나름 방식으로 다음 목적지로 향한다. 나도 배달 서비스를 이용해서 로스 라고스에서 로그리뇨까지 걸었다. 28km가 넘는 길을 배낭 지고 걷는 게 힘들다고 생각해 6유로를 지불해 해결했다. 그렇다고 그와 동행한 건 아니었다.

그는 날도 밝지 않은 새벽에 헤드랜턴을 켜고 길을 나선다. 다행히 저녁 식사 동석자가 되었던 김 선생과 동행하는가 보다. 나는 해가 뜬 뒤 천연 조명을 받은 산야를 보면서 걷는다. 도착하기 얼마 전부터 태양이 조금 뜨겁지만, 오면서 보는 풍광으로 보상받는다. 더구나 새벽에는 순례길 노정기 블로그에 올릴 글을 쓰다 보면 아침 먹고 출발하기 빠듯하다. 8시 전후로 알베르게를 떠나야 하는 규칙도 아침 시간에 여유 없게 한다. 이래저래 함께 떠나지 못한다.

사람 누구나 시작과 끝은 공평하게 주어지지만 사는 과정은 다르다. 부모로부터 인간 몸으로 태어나는 것과 몸을 놔두고 이 세상 하직하는 것도 마찬가지다. 그 사이 삶이 화려했건 누추했건 한평생 부대끼다 가는 것은 양상은 달라도 누구나 동일하다. 홀몸으로 와서 갈 때는 빈손으로 가는 것도 너와 나는 다를 게 없다. 큰 그림으로 보면 인간인 이상 똑같다. 순례꾼도 마찬가지다. 모두 한곳을 향해 가리비 조개 모양이 가리키는 방향으로 걷는다.

 너는 너대로 나는 나대로 방식으로 걸은 지 나흘째지만 아마도 우리는 계속 그렇게 갈 것이다. 다른 변수가 생기지 않는 한. 너와 내 관심사가 다르고 서로 근육 사정 피로도가 달라서 쉬는 타임도 같지 않다. 갈증 정도와 시기도 물론 다를 것이니 따로 걸으며 해결하는 게 맞다. 조용히 걷고 싶어도 말을 걸어오면 침묵할 수도 없지 않은가. 너는 너대로 나는 나대로 걸어도 우린 산티아고에서 함께 귀국 길에 오르게 되지 않겠는가.

길 안내판

## 만원입니다

배낭만 둘러메고 나왔다. 숙박지 로그로뇨에서 6유로 치르고 어깨짐을 보냈다. 두 번째 백을 보낸 셈이다. 오늘 해먹을 식료품도 들어있는 배낭은 더욱 어깨를 조인다. 목적지 알베르게는 이미 만석으로 자리가 없단다. 동행은 새벽에 떠나서 자리를 잡은 상태라 혼자 잘 곳을 찾아야 한다.

15유로를 내고 좀 떨어진 사설 알베르게에 짐을 풀었다. 어제 10유로에 비하면 50%가 비싸다. 돈은 더 들었는데도 취사 시설은 없다. 오늘 저녁밥은 매식하거나 냉동식품을 데워 먹어야만 한다. 좋은 것도 있다. 배정된 방에 침대 놓인 공간도 여유가 있고, 숙박객이 적어 조용하니 지친 몸 하룻밤 피로 풀기는 제격이다.

이곳 나헤라(Najera)의 공립 알베르게는 단층으로 한 4~50명 정도만 수용할 수 있다. 미리 알고 일찍 서두르지 않으면 자리가 없다. 돌이켜 보니 8년 전에도 그랬 뻔했다. 그때는 친구가 먼저 와 미리 자리 맡아 놓고 우리를 기다려 다행히 하룻밤 묶었다. 오늘은 쫓기다시피 나오니 친구의 예전 수고가 그립다.

혼자 식료품을 사와 쓸쓸히 저녁상을 마련했다. 동행과 어울려 와인 잔을 기울이며 정담을 나누지 못해 아쉽다. 묵상하듯 빵을 우걱우걱 씹는다. 따로 걷더라도 식사 자리는 서로 어울려야 좋은데…. 길과 숙소에서 스치는 순례객이 쉽게 친구가 되는 것은 아마도 이런 고독한 상황을 피하고 싶어서인지도 모르겠다.

홀로 걷는 페레그리노

## 포도밭 사이

검은빛 얼굴이 포도밭 고랑에서 보인다. 한둘이 아니다. 지나며 보니 포도송이를 따서 나무 사이에 정차한 차량 위로 쏟는다. 바구니에서 포도송이가 떨어져도 개의치 않는다. 지금 여기는 포도 수확 철. 어제는 그런 걸 보지 못했는데 오늘은 보인다.

나헤라에서 산토도밍고 데 라 칼자다(Santo Domingo De La Calzada)로 오는 길 양옆으로는 포도밭이 즐비하다. 오전 아홉 시쯤이라 미처 더위가 위세를 발휘하기 전이다. 살짝 쌀쌀한 가을을 예상했는데 꼭 한여름철 같다. 정오 무렵부터 내리쬐는 태양은 온몸을 땀으로 젖게 한다.

마드리드 민박집에서 자고 나온 첫날 새벽은 제법 쌀쌀했다. 대충 준비한 옷이라 예상을 넘어선 추위에 살짝 날씨를 걱정했다. 여기 오니 전혀 딴판이다. 상점에 청포도는 보이는데 검푸른 포도는 보이지 않는다. 아직 시장에 나오기는 이른가 보다 생각했는데, 수확할 시기가 다가왔나 보다.

어떤 밭에선 주인인가 싶은 사람이 포도밭 사이로 걸어가면서 고개 숙여 무언가 살핀다. 수확할 시기를 가늠하는가 싶다. 농사도 인력농에서 기계농으로 바뀌었지만 포도 수확은 여전히 사람 손이 필요한가 보다. 스페인도 우리처럼 농촌 인력을 타국 노동자로 채우는 인력 불균형이 문제인지도 모르겠다.

순례길 양쪽에 있는 포도밭

# 581km

산티아고까지 걸어갈 남은 거리, 581km. 나헤라 알베르게에서 약 2킬로미터쯤 걸었다. 길가 오른편 말뚝 표시가 보인다. 론세스바에스 출발점 말뚝에는 755km였다. 8일째, 이만큼 줄었다. 오늘 목적지인 산토도밍고까지 가면 560여km가 남을 것이다. 대략 총 거리 1/4쯤 걸은 셈. 500대에서 400대로 다시 300, 200, 100 그리고 종착지인 콤포스텔라에 이르면 0이 되는 날이 언젠가 불쑥 동산에 달 오르듯 다가올 것이다.

이틀은 30km 가까운 거리라 배낭을 배달시켰다. 오늘 가는 산토도밍고 데라 칼자다는 20여km라 배낭을 메고 간다. 이틀간 쉰 어깨와 등판은 힘을 비축했을 테고, 손가방만 달랑 들고 걸은 다리도 부쩍 힘이 올랐으리라. 만보기를 보아도 배낭 멘 속도와 홑몸으로 걸은 차이가 났다. 기계가 증명했으니 믿을 만할 것이다. 앞으로 또 배달 서비스를 이용하더라도 오늘은 그냥 배낭을 메고 가기로 했다.

가뿐했다. 배낭 무게가 출국 전의 7kg 정도보다 더 늘었을 텐데 첫 느낌이 좋다. 한번 따져 보자. 고정 배낭 무게에 쌀 4~5인분, 부식 재료로 쓸 호박과 대파 반 토막, 양파 반쪽, 라면 1개, 작은 오이피클 반병,

간식과 점심용 빵과 사과 복숭아 오이 반 개, 거기에 캔맥주 330㎖, 물 500㎖. 물과 맥주 무게만 830g 정도이다. 다른 걸 합치면 1㎏은 훨씬 넘어설 거다. 대략 계산으로도 배낭 무게는 총 8㎏을 넘는다.

출국 전 체중은 57㎏, 몸무게 10%가 훨씬 넘는 배낭 무게감이 거의 없다. 어제와 그제 손가방 들고 걸을 때와 별반 다르지 않게 발걸음도 가볍게 나간다. 이게 웬일인가. 원래 한 몸인 것처럼 등에 달싹 달라붙은 느낌. 아, 이제 몸이 그 정도 무게에 적응한 거다. 일주일이 지나면서 바뀐 셈. 이 상태로 계속 가면 된다. 어젯밤 잠도 한몫했나 보다. 나헤라의 야간 잔치로 밤새 밖이 소란스러웠지만, 코 고는 사람도 없는 방에서 잘 잔 덕인가 보다.

왼쪽 말뚝에 보이는 755km

# 한국식 산티아고 매뉴얼

한국인은 좀 특이하다. 외국인과 섞여 있으면 그게 잘 드러난다. 산티아고 길을 걸으면서도 다시 그 특유성을 확인한다. 좋게 말하면 창의력이 높은 것이고, 달리 말하면 변통에 강하거나 통용되는 일반 규칙을 잘 안 지키는 편이다. 잘 활용하면 발전을 가져오지만 잘못 적용하면 보편 규칙을 지키지 않는다고 지탄받는다.

산티아고 순례길을 걷는 정통 방식은 30~35일 정도 꾸준히 걷는 거다. 한국인 중에서 많은 이가 이걸 지켜서 걷지만 또 많은 사람은 그렇지 않다. 열흘이나 보름 정도 걷고 만다. 자기 배낭을 메고 걷기도 하지만 그렇지 않은 이도 적지 않다. 하여튼 개인차가 아주 크다. 길을 걷는 것도 특유 한국인 자기 멋대로가 아주 강하게 드러난다.

대부분 어떤 방식을 택하든 산티아고 콤포스텔라에 입성하고 순례길 목적인 인증서를 챙겨 귀국한다. 문제는 그다음부터다. 정통으로 다 걸어 다녀온 사람이나 그렇지 않은 사람이나 똑같이 행세한다는 점. 왜냐하면 인증서가 같기 때문이다. 주변 사정을 모르는 사람은 어느 것이 진짜 제대로 걸었는지 아닌지 판별할 재간이 없다. 모두 산티아고 순례길을 걸었다 인정하고 만다.

 북한산 둘레길만 걸어도 북한산에 다녀온 것이고, 심지어 여러 계곡 중 하나만 들렀어도 북한산에 갔다 온 것이다. 백운봉이나 인수봉을 오른 사람도 북한산에 다녀온 것은 같기 때문이다. 하지만 속을 보면 그렇지 않다. 어찌 그들이 같은가? 분명 다르다. 북한산을 모르거나 속사정을 알지 못하니 똑같이 생각하고 만다. 구태여 둘을 구분하려 들지 않는다.

 변칙을 용인하고 같은 결과를 얻고자 하는 이런 기질은 한국에서 다양하게 변주되어 사회를 검게 물들인다. 허위 학력, 부정 입학으로 비난을 받는다. 문제는 그런 사실이 만천하에 드러났는데도 사과하거나 반성하지 않는다. 도리어 왜 나한테만 그러느냐고 타자를 가리키고 이에 동조하는 사람들은 떼거리로 몰려서 소란을 피우기 일쑤다.

 산티아고 길에서도 이런 한국식이 유감없이 드러난다. 얄팍한 상술에 산티아고 패키지여행 상품이 팔리고, 차량으로 코스를 건너뛰거나 겨우 100㎞만 간신히 채우고 인증서를 받아 챙긴다. 서양인들은 내체로 그렇게 하지 않는다. 사정이 허락하지 않으면 중단한 뒤에 다음 기회를 노려 마저 채우려 한다. 그깟 인증서가 중요한 게 아니라 스스로 다 걸었다는 걸 중요하게 여기기 때문 아니겠는가.

## 어쩌다 마주친 그대

"어쩌다 마주친 그대"는 송골매의 히트곡 명이다. 꽤 오랜 시간이 흘렀지만 아직도 기억하는 사람이 적지 않다. 이 가요가 여기 산티아고 순례길에서 진가를 발휘할 줄 어찌 알았겠는가. 명곡은 이래서 명곡인지도 모른다. 하여튼 한번 불러 보기로 하자.

순례길에선 여러 사람을 만난다. 또 헤어진다. 관계 지속 시간은 대중없지만 만나고 또 만난다. 며칠 전에 알베르게에서 헤어졌는데 걷다가 길에서 다시 마주친다. 말하자면 어쩌다 마주친 그대가 되는 셈이다. 얼마간 함께 걷다가 보면 이번엔 어쩌다 헤어진 그대가 되기도 한다.

이제 진짜 이 노래를 부를 때다. 론세스바에스부터 어쩌다 마주친 사람이 한둘이 아니다. 이 중에 특별한 사람을 소개해 보자. 이 길 끝까지 가다 보면 더 많아질 것이므로 이 노래는 계속 부르게 될 것이다. 우선 맛보기로 한두 곡 먼저 불러 보겠다.

아티스트 김 여사다. 인도에서 식물 디자인 아티스트로 활동 중에 산티아고 순례길 걸으러 와서 나와 마주친 거다. 그와 인연은 론세스바에스부터 로그르뇨까지 이어졌다. 아티스트답게 빌바오 뮤지엄으로 갔으나 곧 이 길로 복귀할 거다. 다시 길에서 만나길 바란다.

세 번 마주치고 통성명한 뒤 또 만나자마자 아버지라고 서슴없이 부른 그녀. 시댁과 가족 후원으로 이 길을 걷고 있다 한다. 중학생 자녀를 둔 40대 상냥하고 씩씩한 아줌마다. 며칠만 걷다가 다른 유럽 지역으로 관광을 가려다가 다시 이 길에 끌려 20여 일 휴가 동안 계속 걷겠단다. 이 길은 묘하게 사람을 끌어들인다. 무언가 한 마디로 설명할 수 없는 맛, 나도 실은 모르겠다.

일본인과도 마주쳤다. 일찍이 이 길을 걸었던 일본인들은 요즘 드물다. 아마도 10여 년 경제 불황기를 거치며 시들해졌고, 그 자리를 차지한 한국인이 가장 많은 동양인 순례객이다. 대만 사람을 간혹 만나지만 중국인을 만나진 못했다. 올해 71세인 미쯔오 오자키씨. 2014년과 2016년에 이어 세 번째 이 길을 걷는 단다. 모쪼록 소기 목표를 이루고 귀국했으면 싶다.

김보름 씨, 30대 한국 직장인. 벨로라도 저녁 식탁에 그녀가 합석했다. 활기와 웃음이 스페인식 해물탕 그릇에 넘쳐흘렀다. 추석 연휴와 휴가를 합쳐 이곳 산티아고 길을 걷고 있단다. 대학 남자 선배가 신입생 시절에 자랑한 산티아고 이야기를 듣고 오랫동안 간직하다 이번에 실행했단다. 예상과 다른 게 많다 그런다. 상상과 현실은 늘 배반한다는 것을 알 수 있으려나.

오늘 브루고스(Burgos) 대성당 근처 아시안 음식점에서 김 아무개 씨와 헤어졌다. 서로 일정이 달라 이제 함께 저녁 식탁에서 만날 수 없다. 모바일 기기에 미숙한 나를 많이 도와주었다. 아이티 업계에서 근무하는 것으로 알고 있다. 산티아고 길에서는 개인 정보를 꼬치꼬치 캐묻는 게 아니다. 말하는 것만 들으면 된다. 푸엔타 라 레이나에서부터 아헤스(Ages)까지 함께 동행했다. 남은 일정 잘 마치길 빈다.

김 교수가 잘 가고 있는지 궁금하다. 오닐로스 델 까미노(Honilos del Camino) 알베르게에서 와인 한 잔 나누며 이야기를 들었다. 정년퇴직한 지 5년, 장로직도 얼마 전에 물러났단다. 론세스바에스(Roncesvalles)에서 처음 만났을 때는 거의 기절 상태로 보였다. 무거운 배낭 메고 피레네산맥을 넘다가 기력을 소진했나 보다. 머잖아 기권할 거로 알았다. 그 뒤로 여러 차례 길과 숙소에서 마주쳤다. 이제는 3일간 바이크를 빌려서 레온(Leon)까지 간단다. 무사히 산티아고까지 걷기 기원한다.

부르고스 알베르게 식당에서 여자 순례객을 처음 보았다. 그 뒤로 여러 번 숙소와 길에서 마주쳤다. 꼰데스 식당에선 우리에게 와인도 나눠주었다. 밤새 고통스러웠던 알베르게 식당에선 와인도 함께 마셨다. 그녀는 작년 봄에 이어 올가을 두 번째로 이 길을 걷는단다. 부군과 함께 레온까지 걷고, 그 뒤로 따로 산티아고까지 갔는데, 자기만의 까미노를 찾으려고 다시 왔다. 그 점에 백분 동의했다. 까미노는 혼자 걷는 게 정답이라고. 그녀만의 까미노를 완보하길 빈다.

산티아고 가는 길에 마주친 사람은 셀 수 없이 많다. 일일이 이름과 사연을 올리지 못한다. 내 신분을 밝히고 글감 허락을 받기 때문이다. 사진 찍고 게시 여부도 물론 동의를 구한다. 통성명과 한두 마디라도 나눈 사람 중에 기억하고 싶은 사람이 있다. 아내를 얼마 전에 보내고 길을 걸으며 한없이 눈물을 흘렸다는 전직 주방장 최 씨. 길 걷는 내내 음악을 들으며 가는 아르헨티나에서 온 풍보 아가씨. 배낭 뒤 그득 배지를 붙인 노인. 한쪽으로 기운 배낭과 같은 쪽으로 삐딱하게 자분자분 걷는 파란 스커트 할머니.

무엇 때문에 이 길을 걷는지는 중요하지 않다. 나와 동일 시간 같은 공간에서 만난 그들이 반가웠고 덕분에 좋은 길이 되었다. 그들 모두 탈 없이 가고자 하는 곳까지 잘 걸어가길 바란다. 어느 곳이든 다시 돌아간 자리에서 그들만의 삶이 더욱 충실해지길 기원한다. 이 세상 어디에서 다시는 볼 수 없을지라도 어쩌다 마주친 그대여 안녕, See you again! Buen Camino.

어쩌다 마주친 김 교수

## 해바라기 밭길 따라

해바라기 밭길 따라 걷는다. 산토 도밍고(Santo Domingo)에서 벨로라도(Bellrorado)까지 오는 길 양옆으로 온통 해바라기밭이다. 어제는 포도밭이었는데 오늘은 해바라기가 경비 담당이다. 포도 경비는 청장년인데 해바라기 병사는 모두 노병이다. 이제 그들도 퇴역할 날이 얼마 안 남아 보인다.

꺼멓게 익어버린 해바라기 씨들이 누렇게 변색한 줄기에 근근이 매달려 있다. 수확할 때가 지난 것으로 보인다. 해바라기가 서 있는 밭보다 추수가 끝나고 비워둔 밭이 더 자주 눈에 띈다. 쟁기질로 정돈된 밭도 보이고 휴식하도록 놓아둔 곳도 있다. 아마도 주인이 다른지 모른다.

하루하루가 다른 풍경이다. 대략 20여 킬로미터지만 걷다 보면 다른 세계로 진입하는 느낌이다. 내 인생도 이렇게 하루하루 다른 세계 속으로 들어가며 존재할 시간도 줄어드는 거겠지. 이 길에서 비로소 남은 인생 하루 시간의 엄정함을 묵묵히 깨닫는다.

산티아고가 가까이 다가올수록 그만큼 성숙해 간다면 얼마나 좋을까? 다리 힘이 빠져 갈수록 망상이 근육 속으로 파고든다. 얼른 고개 들고 저

멀리 해바라기밭으로 눈길 보낸다. 마을 성당 첨탑이 보이고 붉은 기와 지붕도 보이기 시작한다. 마지막 힘을 짜낸다.

심심한 순례객이 해바라기 얼굴에 저지른 만행

## 달 보며

달 보고 걷는다. 등 뒤론 해가 쏟아진다. 산티아고 순례길은 동에서 서로 향해 뻗어 있다. 길이 삐뚤빼뚤하게 이어지지만 결국엔 서쪽으로 간다. 해 뜨기 전에 알베르게 문을 밀고 발길을 어둠 속에 던진다면 사정은 다를 수 있다. 해 뜨기 바로 전이나 그 이후에 배낭을 멘다면 앞에서는 달이 웃고 등 뒤에서는 해가 노려본다.

산티아고 프랑스 루트는 동에서 서로 가는 길이다. 언제나 같은 상황이 펼쳐진다. 해가 중천에 떠서 따라 걷고 싶어 심술을 부리면 등에 흐르는 땀을 어쩌겠나? 정면으로 찡그린 해님을 마주치지 않아 좋다. 만일 산티아고가 동쪽에 있다면 어쩌겠나? 해를 안고 가는 난관을, 어쩔 수 없는 고행의 순례길을 피할 수는 없으리라.

해를 보고 걷는 길은 달 보며 걷는 것보다 분명코 낭만적이지 않다. 그렇다면 훨씬 적은 사람이 이 길을 걸을 것이다. 야곱이 서쪽으로 간 것은 정말로 잘한 일이다. 그가 성인인 이유를 여기서 찾는다면 너무 세속적이라 비난받을 일인지 모르겠다. 그래도 나는 이 비난을 달게 받을 생각이다. 야곱 성인이시여, 용서하시라.

어제도 그랬고 오늘도 걸어가는 앞쪽 하늘 위에서 달이 소곤대듯 말한다. 오늘 갈 길도 멀지만 한 발 한 발 걷다 보면 그대는 목적지에 도달할 수 있어요. 천 리 길도 한 걸음부터란 말 있잖아요? 조금만 더 힘내세요. 달이 귀가할 길도 먼데 간절한 격려에 다리에 불쑥 힘이 솟는다. 저 앞 언덕만 넘어서면 이제 오늘 머물 곳이 보일 것이다. 파이팅!

## 새벽 전사들

그들은 어둠을 가르고 길에 나선다. 해가 출석 신고하려면 두어 시간 가까이 기다려야 한다. 헤드 랜턴을 이마에 달고 배낭은 등에 바짝 조여 맨다. 신발 끈을 단단히 묶는 것은 기본이라 이미 준비를 마쳤다. 스틱까지 챙겨 들며 굳게 닫힌 두꺼운 목제 갑문을 힘차게 밀치고 대기 속으로 출전한다.

한국인들은 여기 산티아고 길에서도 부지런함을 유감없이 드러낸다. 이미 세계인들이 '빨리빨리' 민족으로 명명한 것은 오래된 일이다. 이에 맞추어 한 줌도 그들을 실망하게 하는 일이 없다. 새벽 네다섯 시면 부스럭거리며 짐을 챙기기 시작한다. 덩달아 서양인도 따라나서기는 하지만 한국인을 당해낼 순 없다.

12시나 오후 1시부터 개방하는 알베르게 문 앞에는 늘 한국인이 가장 많이 줄을 선다. 새벽부터 순례길 전투에서 승리한 그들에게 내일을 위한 준비가 필요하기 때문이다. 일찍 좋은 침대 자리를 선점하는 것도 한국 새벽 전사들이다. 내일의 출전을 위해 편한 자리에서 쉬고 또 새벽 전투에 나서야 하기 때문이다.

왜 그리 새벽부터 서둘러 길에 나서냐고 물어보면 이유는 갖가지다. 개인 사정에 따라 다르기는 하지만 결과는 어느 나라 사람보다 빨리 길에 나타나고 더 빨리 사라진다. 한국인들은 어려서부터 경쟁의 전장에서 살아왔기 때문일 것이다. 누구보다 앞서지 않으면 입학도 취업도 뒤진다는 걸 몸이 기억하는 거다. 그러다 보면 천국마저 좋은 자리도 모두 한국인이 차지하지 않을까.

# 3부_알베르게

최후의 만찬
한잔의 추억
젊은 그대
강사부 우육면
즉각 리액션
한글날 유감
낄끼 빠빠
목표 지향뿐
알베르게
지루한 길
소인배와 소국
산티아고 길은 힘든가
프리한 구역

## 최후의 만찬

　최후의 만찬은 풍성한 밥상이 아닌 늦은 식사였다. 한참 기다려 받은 요리치곤 너무나도 허술했다. 달랑 햄버거 하나씩을 놓고 우리는 50년 만의 만남을 기적이라 생각하며 늦은 저녁 식사를 마쳤다. 그랬다. 문밖에서 밤하늘 별도 애처롭게 우리를 내려다보았다. 각자 침상으로 가며 헤어졌다. 언제 다시 만날 날 기약 없는 최후의 만찬은 그렇게 끝났다.

　어제 머문 곳은 아헤스(Ages). 14유로나 받는 공립 알베르게 치곤 부대시설이 가장 열악했다. 침대와 샤워실, 세탁실과 건조대가 전부였다. 취사는 애초 꿈도 못 꾸고 물 마실 컵도 없었다. 작동이 시원찮은 커피포트와 전자레인지가 달랑 하나씩. 세 개뿐인 알베르게 중 하나는 잠겨 있고, 우리가 묵은 곳은 식당도 운영하나 어제는 7시 넘어 음료만 팔았다. 기댈 곳은 두 곳뿐, 선택이란 단어가 쓸모없었다.

　고교동창 신현길은 우리보다 일주일 먼저 출국했다. 마드리드를 거쳐 이곳에 왔단다. 피레네산맥 기슭 언저리에서 자보는 게 꿈이었다는 친구. 백발이 멋진 그는 바수니스트(Bassoonist), 소년처럼 아직도 낭만으로 넘치는 그에게 피레네는 만만하지 않았다. 결국 텐트를 치고 피레네

그곳에서 하룻밤은 견뎌내었다. 밤새 바람과 싸우며 지샌 그가 아침에 받은 선물은 그의 어깨를 가볍게 했다. 날아간 텐트가 그거였다.

새벽길 재촉한 장 교수가 10여 킬로미터 이상 이어지는 숲길에서 앞서 가는 신현길을 불러 세웠다. 교분이 짙은 친구도 서로 은퇴한 뒤라 스케줄을 모르다가 산티아고 길에서 상면한 거다. 내가 그를 고교 졸업한 지 반세기 만에 만나게 된 스토리다. 과거 필름도 되돌려 보았고 앞날 설계도 서로 펼쳤다. 내일 그와 우리는 길 위 페이스가 달라 각자 흩어질 거다. 결국 어제 그 자리는 분명 산티아고 길 위 최후의 만찬이었다

## 한잔의 추억

젊은 날 즐겨 부르던 노래가 이장희의 '한 잔의 추억'이었다. 이 길 위에서 한잔의 추억이 아니라 한 잔의 맥주다. 생맥주 한 잔이 이토록 행복감을 준다는 건 여기서 발견한 진실이다. 진실은 멀리 있지 않고 늘 가까이 있다는 걸 미욱한 중생만 모르는 셈이다.

밤하늘 별 보고 나서질 않고 해 뜨면 길에 나선다. 헤드 랜턴을 챙겨왔지만 배낭 속 짐일 뿐이다. 천연 조명으로 산천을 마주하는 걸 마냥 좋아하기 때문. 거의 마지막으로 알베르게를 나서게 하는 나다운 이유다. 느지막이 나서니 달도 만나지만 해님의 사랑을 온전히 받는다.

해님의 사랑 선물 덕에 등판의 땀을 무상 장착시킨다. 갈증도 서비스로 딸려온다. 때마침 마을에 들어서면 절호의 찬스다. 방향 표시 따라 걸으면 모퉁이나 언덕배기에 카페나 바가 손짓한다. 어찌 이를 거절할 것인가. 그런 용기는 여기선 무용지물, 발이 인도하는 대로 따라갈 뿐.

바삭한 크루아상과 생맥주 한 잔. 받아들고 야외 탁자에 앉아 한 모금 넘긴다. '카, 이 맛이야!' 소리 없는 아우성을 내지른다. 성루에 올라 휘날리는 갈증에 깃발을 꽂으며 환호작약한다. 이게 행복이지 뭐 또 있는

가. 아마도 세 번째 다시 이 길에 오도록 유혹할 악마는 딱 이 맥주 한 잔인 것. 오직 이뿐!

카페에서 맥주 한 잔

# 젊은 그대

 아헤스(Ages)에서 알베르게를 나선다. 하늘이 뿌옇다. 비를 뿌리려나 보다. 밤새 인터넷 와이파이도 꺼놓았는지 불통이다. 여러모로 아헤스 공립 알베르게는 최악이다. 어차피 하룻밤 손님이라 생각해 그런지 너무 한다는 생각을 지울 길 없다. 새벽에 일어나 흐린 불빛 아래서 몇 자 끄적거린다. 블로그에 올릴 수도 없으니 이만 길을 나서는 게 좋겠다.

 처음으로 헤드 랜턴 불을 밝히고 걸음을 뗀다. 하늘에 뜬 별이나 달을 볼 수도 없다. 앞에도 뒤에도 길에는 사람이 안 보인다. 7시가 조금 넘은 시각. 이미 새벽 전사들처럼 떠나버린 알베르게에는 몇 안 남았다. 아마도 더 있기 싫어 다른 곳보다도 더 빨리 나서는지 모른다. 취사도 안 돼, 싸 온 음식을 먹을 곳도 없어, 빨리 이곳을 떠나는 게 최선책일 게다.

 한 30여 분 정도 머리에 달린 불로 길을 밝히며 걷는다. 부르고스 향하는 발길. 도로가 나온다. 얼마 걷자니 차가 지나간 앞쪽에 희미하게 마을에서 뿜어낸 빛이 보인다. 희뿌연 하늘도 조금씩 낯을 드러내기 시작하고, 건너편 도로 옆이 환하고 사람들이 보인다. 여기도 알베르게가 있어 이제 떠나려는 사람인가 보다 생각해 그쪽으로 발길을 옮긴다. 반가운 동지 만나듯 찾아서.

아직 새벽인데 상점 불빛이 환하다. 커피와 과일, 빵과 스낵, 캔 음료, 감자와 마늘도 보인다. 이른 길손님을 위한 일종 편의점인 격. 젊은 주인은 들어오는 손님 상대하기 분주하다. 아마도 아헤스의 형편없는 사정을 알아서 그걸 노린 장사일까. 몇 걸음 앞에는 다른 카페인데 닫혀 있다. 젊은 상술이 밤잠을 참아내게 하는가. 젊은 그대 앞날이 밝게 빛나길 바라며 길로 나선다.

젊은이가 운영하는 불빛이 환한 상점

## 강사부 우육면

　물을 끓였다. 무겁게 지고 온 비수기沸水器를 사용해서. 침대 옆에 개인 등이 있을 만큼 시설이 좋은 부르고스 알베르게에 커피포트 하나 없다. 겨우 전자레인지 뿐. 100여 명이 넘는 숙박객을 받으면서 너무 각박하다. 뭐라 불평하기보다 적응이 상수다. 컵라면 용기에 물을 붓고 비수기를 넣었다.

　어제 부르고스 대성당 구경하고 오다 아시안 마켓에서 한국 신라면 두 개와 중국 강사부 우육면을 사 왔다. 신라면은 비상용이고 우육면은 오늘 아침용이다. 평소 중국산 품질을 신용하지 않지만 어쩔 수 없다. 왜 신라면은 수출하면서 한국산 컵라면은 스페인 부르고스 땅에 없단 말인가. 아, 대한민국!

　꿩 대신 닭! 용기에 라면을 넣은 후 끓인 물을 붓고 스프 세 개를 털어 넣고 휘저은 후 얼마간 기다린다. 강사부 우육면은 먹을 만하다. 맛이 괜찮다. 아침 허기를 달래면 그만이지 무엇이 더 필요한가. 국물 한 방울 남기지 않고 흡입한다. 오늘 갈 길의 기본 에너지로 충분하다 싶다.

　서양 땅에 발을 디디면 서러운 일이 한둘이 아니다. 미우나 고우나

한·중·일 삼국은 이웃 처지다. 원수지간인 북한보다 이웃사촌 중국과 일본이 우리에겐 더 효율이 높은 게 아닌가. 이국에서 라면 하나로 꽤 감상에 젖었나 보다. 지금 여기 나에게 중요한 것은 아침 요기를 해결하게 한 중국제 강사부 우육면이 아닌가. 생각보다 현실이 우선이다. 어쨌든 이 길에선.

비수기로 물을 끓이는 우육면 아침 한 그릇

## 즉각 리액션

리액션(Reaction)이 바로 온다. 산티아고 순례길이 가끔 차도 옆으로 나 있어 지나가는 차를 향해 손을 흔들면 바로 마주 손을 든다. 경음기를 울리는 반응도 보인다. 걷다가 만나는 스페인 사람 누구에게나 '올라'하고 인사하면 대개 순례꾼임을 알아보고 '부엔 까미노'라 응답한다. 이편에서 보내면 바로 답이 온다. 리액션이 빠르고 정확해서 기분 좋다.

가는 말이 고아야 오는 말도 좋다거나, 가는 정이 있어야 오는 정도 있다는 우리 속담은 따지고 보면 리액션에 관한 교훈 의미가 크다. 그만큼 중요하지만 실은 잘 안 지키고 있다는 반증이 아닌가 싶기도 하다. 나부터 무언가를 주기보다 받기를 더 기다리며 살았다. 그게 익숙하고 당연한 것으로 알았지만 이 땅 스페인에 와서 많이 반성하게 되었다.

여기 사람은 정말로 리액션을 잘 한다. 이것이 유전자로 전해오는 민족 속성인지 사회 환경 탓인지 가정과 학교 교육 영향인지 알 수는 없지만 부러운 건 사실이다. 인간 삶에서 소통보다 더 중요한 게 무엇인가. 가장 대표 도구는 언어가 아닌가. 작가로서 이것을 더욱 실감하는 바다. 그러면서도 한국에 살면서 자연스럽게 그렇지 못한 경우에 익숙하다. 다 그러고 살기에 그런 게 아닌가.

  남에게 내 것을 먼저 주는 것이 나중에 더 늘어 보답으로 돌아온다는 것을 알아 그런 것은 아닐 것이다. 우리처럼 과열된 경쟁 사회가 아니라 함께 어울려 살며 체화된 게 아닐까. 우리도 이제 상당 부분 빈곤은 벗어난 건 아닌가. 나부터 귀국하면 어떤 종류건 리액션을 적극적으로 실행해 봐야지. 아니 실행해야 한다. 할 수 있을까. 여기서 자주 연습하면서 익히면 혹시 모를 일이다.

## 한글날 유감

　대한민국 위상은 높아졌다. 산티아고 순례길에선 세계 순위 4~5위가 확실하다. 순례객 안내 언어 순위 기준으로 보면 그렇다. 보통은 스페인어-영어-독어-불어-한국어 안내 순이거나 스페인-영어-불어-한국어 순이다. 론세스바이에스 식당에선 한국어가 독일어를 제쳤다.

　한국어가 비로소 일어와 중국어를 넘어 세계어 반열에 오른 것은 확실하다. 어쨌든 순례길에서 이점은 명백하다. 세계어로 등극하면서 일어나는 문제도 만만치 않아 보인다. 그것은 다름 아닌 한국어와 한글의 오용 표현이다. 이곳에서도 그것을 목격해 한편으로 반갑지만 씁쓸하다.

　어제 묵은 오닐로스 델 까미노 무니시팔(Municipal, 공립) 알베르게 입구 벽면에 써 붙인 한국어 한글이 순간 당황스럽게 다가왔다. "한영합니당"이다. 애교 말투로 콧소리 내며 하는 오용 표현이 버젓이 국제적으로 통용되면 어쩌나 싶다. 고운말과 바른말 사용은 단순히 국내에서만 유용한 것은 아니다.

　이와 대조적인 것도 있다. 외국어를 한국어로 번역한 경우다. 사우디 항공기에 탑승하여 겪었던 일이다. 영화를 보려고 객석 정면의 모니터

전원을 눌렀는데, '놀음'이 떠서 순간 당황했다. 다행히 영어 'PLAY'의 번역이란 걸 알아챘다. 그런 경우는 '실행'이나 '시청' 또는 '진행', '보기'가 적당하지 않을까 생각했다.

한국에서도 많은 사람이 말과 글을 혼동한다. 한글과 한국어를 동일한 것으로 인식하는 사람도 부지기수인 걸 인정하면 차라리 해프닝이나 애교로 받아들일 수도 있다. 또는 한자어가 우리말이 아닌 것으로 아는 사람도 다수인 것이 오늘날 우리 수준이란 걸 안타깝지만 인정하지 않을 수 없다.

비행기를 '날틀'로 바꾸는 식이나 '계란'은 반드시 '달걀'로 고치는 티브이 자막을 보면 그 고지식한 정도가 역겨울 정도다. 한국어를 사랑하고 그 고유한 표기 방식인 한글의 바른 인식과 정확한 사용을 한글날이 다가오는 시점에 외국에서 다시 한번 생각해 본다. 한국어 만세, 한글 만세, 대한민국 만세다.

## 낄끼 빠빠

얘기를 듣지 않는다. 낄 때 끼었으나 빠질 때가 된 것. 더 입을 놀렸다가는 확실한 꼰대가 된다. 어제 그들을 오닐로스 델 까미노(Honilros del Camino) 알베르게 문 앞에서 만났다. 내가 묵는 그곳이 만원이라고 난감해했다. 마을을 돌아보고 오는 길이라 다른 알베르게가 여유 있다는 걸 알려줬다. 고마워했다.

이테로 델 가스뗄(Itero Del Castel)로 오는 길에 그들을 또 만났다. 어제 일을 물었더니 잘 잤다고 말했다. 다소 느린 그들 발걸음에 맞추어 언제부터 걷기 시작했는지, 어디서부터 출발했는지를 물었다. 그 일자가 뭐 중요합니까, 그중 하나가 되쏘듯 답하곤 고갤 돌려 동행에게 말하기 시작했다. 그만 먼저 가겠다 말하고 빨리 그들과 멀어졌다.

교직에 오래 재직하다 퇴직한 사람 중에 낄끼 빠빠가 안 되는 경우를 자주 본다. 교수나 기관장으로 정년한 사람은 거의 그렇다. 일종 직업병이다. 나도 그중 하나다. 50분 강의 시간은 온전히 나만 말한다. 이런 생활을 수십 년간 하고 살아왔다. 환자가 안 될 수 없다. 훈화만 하던 학교장 출신도 예외가 드물다. 중환자도 더러 있다.

은퇴하면 환경은 바뀌는데 골병 든 걸 어찌 벗어날 수 있겠는가만 모든 병환은 환자 의지가 중요하다. 노력하기에 따라 얼마든지 예후가 좋아질 수 있다. 산티아고 순례길에선 더욱 절실하다. 절대로 전직을 안 밝히려 애쓰지만 주머니 속 송곳을 어쩌겠나. 잘도 들켜버린다. 이번엔 환자로 안 비쳤길 길가 돌멩이에 부탁하며 앞으로 발을 뻗는다.

## 목표 지향뿐

한국 여자 불멸의 프로 골퍼 박세리가 언젠가 말했다. 그 많은 우승을 하면서도 행복하지 않았다고. 즐기는 골프가 아니라 이기려는 골프만 해서 그렇다고. 후배들은 제발 즐기면서 골프를 했으면 좋겠다고. 그 말을 우연히 방송에서 듣고서 혼자 뭉클했다. 그만한 대선수가 행복하지 않았다니 다른 선수들은 어찌하면 좋은가.

한국인의 고질적 모순을 그는 그처럼 간명하게 정리해 버렸다. 역시 위대한 프로 골퍼다. 길게 풀이할 것 없이 한국인은 거의 모두 한결같이 목표 지향 삶을 추종한다. 그 목표가 권력이든 부유함이든 달성 과정은 중요하지 않다. 결과만 좋으면 만사 오케이다. 부정 선거, 부정 입학, 논문 표절, 부정 취업 등은 문제 될 게 없다. 목표하는 결과만 얻으면 그만이다.

산티아고 순례길에서도 한국인의 목표 지향은 여전하다. 걷다가 힘들면 버스나 택시 타고 점프해 건너뛰고 시간이 부족하면 여기저기 골라 걷는다. 한 발 한 발 걸어가는 과정은 절대 중요하지 않다. 어디까지 갔나, 얼마나 빠르게 걸었는지 결과만 그들에겐 중요해 보인다. 인생도 그런 식이니 초등생부터 의과대학 입시 반을 준비한다는 학원이 성행하고 어떻게든 당선만 중요한 정치꾼이 설친다.

  목표와 결과가 중요하지 않다는 게 아니다. 과정을 성실하게 밟으면 목표를 이룰 수 있다. 설혹 목표 달성에 실패해도 과정을 충실하게 거쳤으면 후회하거나 안타까워하지 않고 만족하며 그 자체를 행복하게 여긴다. 박세리가 놓친 것, 많은 한국인이 간과하는 것은 이것이다. 산티아고 도착과 인증서란 목표만이 아니다. 산티아고를 향해 한 발 한 발 걸어가야 하는 이유가 바로 여기에 있지 않겠는가.

목표 지향, 산티아고 가는 길

# 알베르게

알베르게 작은 주방 식탁에 앉아 글을 쓴다. 여기 시각 새벽 5시 15분. 숙박객 모두 잠에 빠져 있다. 조금만 더 지나면 소란해질 것이다. 퇴실 시각 8시보다 이른 시각에 대부분 알베르게를 나간다. 점등 시각은 아침 6시 이후, 밤 소등 시각은 10시가 기본 규칙이다. 각자 컨디션과 일정에 따라 아침을 시작한다. 아직은 폭풍전야에 해당한다.

나만의 알베르게 선택 조건 1순위는 와이파이 제공 여부다. 블로그에 글을 올리기 위해서다. 데이터를 쓸 수도 있지만 그러긴 싫다. 어제 프로미스타(Promista)에 12시쯤 도착했다. 공립 알베르게 문 앞에 제 1착했다. 개방 시각이 오후 1시 30분이라 한참 기다려야 했다. 동행이 오더니 여기는 와이파이, 취사가 안 된단다. 두 조건을 갖춘 곳이 근처에 있지만 사설이라 예약이 되는데, 우리 자리가 있을지 알아본다고 갔다.

그곳도 개방 시각이 같은데 전화가 안 된다 하더니 직접 가서 주인을 만나고 두 자리 예약에 성공했단다. 보통 그 시각까지 문을 닫는데 가보니 배낭 배달 차량이 와 문을 열고 있어 천운(?)으로 숙박 기회를 잡을 수 있었다. 맨 앞에 놓인 배낭을 빼서 함께 부지런히 그곳으로 옮겨 갔다. 이곳은 두 조건 외에 비용도 1유로나 더 싸다. 이럴 때 떠오르는 말이 천우신조다. 오늘은 만세요, 대박 난 날이다.

선택 조건 2순위는 취사 여부다. 전에 왔을 때도 자주 이용했고 그나마 한국식(?) 음식이라서 힘을 얻은 바 있다. 그걸 잊지 못해 이번에도 기본인 라면스프를 봉지째 들고 왔다. 빰쁠로냐에 두고 왔다가 다시 가지러간 해프닝도 그래서 일어났다. 이곳 상점에서 냉동 해물 팩과 채소를 되는대로 사 파스타 면을 조금 넣고 라면 국물에 푹 끓이면 현지식 퓨전 해물탕이 된다. 여기에 와인 한 잔이면 훌륭한 한 끼다.

선택 조건 3순위는 이용 요금이다. 그래 봐야 1~2유로이지만 여기 물가 감각으론 그렇지 않다. 1유로면 캔 맥주 하나 값이요, 2유로면 커다란 크로와상 하나를 산다. 와인 한 병이 2유로도 안 되는가 하면, 5~6유로면 고급 와인을 마실 수도 있다. 1유로를 환전하면 1천 4~5백 원. 한국에서 1천 원이면 돈값을 못하지만 여기는 확연히 다르다. 1~2유로는 동전이지만 제값 한다.

그런 면에서 어제 잔 곳은 특이했다. 와이파이는 물론이고 전기도 안 들어오는 곳이다. 대신 저녁과 아침까지 제공하고 금액도 자유 기부였다. 이탈리아계 은퇴 신부가 운영하는 곳이라 식사 전 기도와 세족식도 했다. 순례꾼의 무사안녕을 기원하는 거였다. 선택 조건에 부합하지는 않았지만 괜찮은 알베르게였다. 어떤 알베르게를 만날지 알 수 없다. 그날그날 운수에 맡기고 계속 앞으로 가야만 한다. 순례길 법칙 아닌 법칙이다.

# 지루한 길

깨리온 데 로스 꼰데스(Carion De Los Condes)로 오는 길은 지루했다. 프로미스타(Promista)를 벗어나며 길은 도로 옆길로 이어졌다. 도중에 마을을 잠시 지났으나 역시 차도 옆을 벗어나지 않고 목적지 마을 입구까지 이어졌다. 정말로 참을 수 없는 지루한 길이었다. 보속을 높여 빨리 도착하는 수밖에 없었다. 알베르게에 와서 만보기를 보니 최근 며칠 새로 가장 빠른 시속을 기록했다.

이 길을 걸어오며 지난 인생을 돌아다보았다. 한때 인생길이 지루해서 견디기 어려운 시절이 떠올랐다. 10년 대학 강사 시절이 그랬다. 예전에도 강산이 한 번 변할 수 있는 긴 세월 동안 시간 강사로만 전국을 쏘다녔다. 정말로 이 길은 끝이 없는지 절망적이었다. 대학원 박사과정 입학 후 시작된 강사 생활 5년, 박사학위를 받고도 또 5년이 속절없이 도랑 위 낙엽처럼 떠서 흘러만 갔다.

그러나 그 길도 결국 끝은 있었다. 가까운 곳에서 길이 끝났다. 모교에서 자리를 내주었다. 그렇게 지루했던 길이 끝났다. 세상에 끝없는 길은 없다. 어느 순간 끝이 안 보일 뿐 어느 길이든 반드시 끝이 있다. 그것을 참아내고 견디는 자만이 길 끝에 도달할 수 있다. 다만 그것을 믿고 계속 앞으로 또 앞으로 발걸음을 떼는 것뿐이다. 오로지 걷는 자의 신념이 그것을 가능케 할 따름이다.

산티아고 길은 끝이 아주 명확하다. 산티아고 콤포스텔라(Compostella), 또는 피니스테라(Finistera)가 끝이다. 끝을 알고 걷기에 힘은 들지만 암울하거나 절망하지 않아도 된다. 오늘 걸어온 길도 그랬다. 얼마쯤 가야 끝이 온다는 걸 알고 걸으니 힘이 들어도 견딜 수 있었다. 그래서 더 빨리 걸을 수 있었는지도 모른다. 모두에게 이런 길만 있다면 인생살이가 참으로 쉬울 텐데, 걸어오면서 내내 그것을 생각했다.

길 끝에 보이는 꼰데스 마을

## 소인배와 소국

그는 나를 지나친다. 아무 말도 없이 앞서 가버린다. 순례길에선 예의가 아니다. 어떤 방식으로든 인사는 하고 지나간다. 저 사람은 중국인이나 일본인일 거라 짐작한다. 여기서 만난 그들은 먼저 다가오지 않는다. 일본인 마쯔오 오자키 상도 그랬다. 이름을 밝히지 않은 대만 처자도 그랬다. 내가 먼저 다가가 말을 걸으니 응대하고 그다음으로 이어졌다. 서둘러 나를 앞선 그도 서둘러 좇아가 확인했더니 의외로 한국인이었다.

서양인은 대개 그렇지 않다. 먼저 다가오거나 하다못해 마주치면 눈인사라도 보낸다. 길이나 숙소에서 거의 그러하다. 당연히 예외도 있으나 대부분 경우에 그렇지 않다. 이에 비해 동양 삼국인-순례길에서 드문드문 만날 수 있는 한·중·일 韓中日-은 소극적이거나 쭈뼛거리기 일쑤다. 서양 땅이어서 그럴 수 있다. 부딪치는 사람과 언어, 음식이 모두 낯설어 그러한가. 물론 개인차도 분명히 있을 것이다.

사람뿐 아니라 나라도 비슷하다. 역사를 돌아보면 나라끼리 전쟁으로 가해국과 피해국이 있다. 서로 치고받은 나라끼리도 세월이 지나면 화해하고 함께 어울려 산다. 조상끼리 싸웠지만 후손은 겉보기로는 오손도손

사는 것처럼 보이기도 한다. 진심으로 그랬든 외교상으로 그랬든 그들은 용서하고 화해하며 손잡고 지낸다. 프랑스와 독일이 그렇고, 독일과 러시아도 그렇게 보인다. 그래선지 영국과 독일 프랑스 3국은 여전히 유럽 중심 강국이다.

이에 견주면 동양 삼국은 안 그런 것으로 보인다. 대한민국을 중심에 놓고 보면 더욱 그렇다. 먼저 중국과 한국 관계를 보자. 수천 년간 이웃나라로 살아왔지만 우리를 진정한 이웃으로 대해왔는가. 침략과 통제 대상으로 우리를 괴롭혔다. 변방 소국으로 치부하면서 대국으로 지배하려고만 해왔다. 일본은 어떤가. 침략하며 괴롭혔고, 근세에는 수십 년간 견딜 수 없는 고통을 치르게 하며 우리를 노예처럼 부려먹었다.

소인배는 피해자건 가해자건 먼저 사과하거나 용서하지 않는다. 대인은 그렇지 않다. 원수를 사랑하고 자비를 베풀라는 예수와 부처처럼 상대보다 먼저 나서서 손을 벌리고 품을 내어준다. 순례길 정신이 바로 이것이다. 종교지도자 외침이 바로 이런 것이다. 대인의 길을 걸으라고, 그러한 삶을 살라고 말한 것이다. 대인의 삶을 실천하지 않는 어떠한 종교 신자라도 모두 가짜다. 자기 복만을 빌고 남을 배려하지 않으면서 말로만 신자인 체하는 사람은 다 엉터리 소인배다.

국가도 똑같다. 소인배처럼 사는 나라와 대인을 지향하는 나라는 다르다. 우리에게 한 번도 지난 역사를 돌아보며 반성하지 않는 중국이나, 여전히 진심 어린 사과에 인색한 일본은 모두 소인배, 소국이다. 독일은 어떠한가. 2차 대전 가해국으로서 끊임없이 사죄하며 용서를 빌어 왔다. 그래서 대국이고 지금도 세계 강국으로 군림하지 않는가. 우리보다 땅이 넓고 인구가 많다고 일본과 중국이 대국으로 스스로 행세하지만 하는 행태로만 보면 여전히 소인배 나라, 소국이다.

그러면 우리 대한민국이 지향할 미래상은 어찌해야 하는가. 일본과 중국처럼 소국으로 치달려야 하는가. 독일과 프랑스처럼 대국을 향해 나아가야 하는가. 답은 명확한데 우리나라 소인배 정치꾼들 행태를 보면 참으로 안타깝다. 아직도 틈만 나면 친일이 어떠니 하면서 반일 감정을 북돋우거나 하고, 중국엔 머리를 조아리며 스스로 변방 소국으로 자처하는 패들이 여전하다. 자기 잘못을 사과하거나 반성하지 않는 것을 보면 그들 또한 소국인 것이 자명한데도 그걸 모른다.

소인배가 분명한데도 사이비 지도자로 나서며 우리를 소국으로 몰고 가려 한다. 그들이 소인배로 살아가는 것이야 어쩔 수 없는 개인 선택이니 왈가왈부할 일은 아니나 제발 그냥 엎드려 말없이 살아가길 바란다. 나라든 개인이든 피해자든 가해국이든 먼저 나서서 사죄하고 용서하면 대인이고 대국인 것이다. 순례길에서 종교지도자처럼 대인으로 살아가라는 말씀을 전신에 새기며 걷는다. 선천적 소인배인 나도 산티아고까지 완보하고 대인으로 살아가길 염원한다.

## 산티아고 길은 힘든가

　지인 몇 사람에게 소식을 전했다. 산티아고 길을 두 번째 도전해서 걷는다고. 그중 몇이 응답하기를, 한 번도 힘이 드는데 어떻게 두 번씩이나 그 길을 걷느냐고, 대단하고 놀랍다는 답장을 곁들이면서. 산티아고 걷는 것은 힘들지 않다. 힘들면 한 번 온 사람이 왜 나처럼 다시 오겠는가. 힘든 군대에 다시 가고 싶어 하는 사람이 있는가. 산티아고는 두 번이고 세 번이고 다시 오는 사람이 적잖다.
　이 길 걷기를 힘들어하는 것은 준비하지 않고 오기 때문이다. 시간과 비용만 마련해서 덮어놓고 이곳에 오는 것이다. 첫날 피레네산맥을 넘다가 포기하고 돌아가기도 하고, 며칠 걷다가 물집이 생겨 중단하고, 그래도 안 되면 버스 타고 관광하다가 돌아가기도 한다. 어떻게든 완보한 사람도 다시는 올 데가 아니라고 지인에게 고행을 자랑삼아 떠벌린다.
　무슨 일이든 준비하지 않고 덤벼들면 다 힘들다. 철저한 준비 없이 사업 시작했다 망한 사람이 한 둘 아니다. 옆에서 대충 지켜보고 남이 하니까 나도 그냥 하면 되겠지 해서 시작하면 모두 그 모양이다. 30여 일간 매일 20~30㎞ 걸어 800여 킬로미터를 완보하는 일이다. 어찌 철저하게 준비하지 않고 물웅덩이에 여름 한 철 개구리 뛰어들듯 첨벙 달려드니 힘들고 어려운 것이다. 사실은 그렇지 않다.

힘들이지 않고 산티아고 길을 걸으려면 대략 서너 가지 정도 사전에 준비해야 한다. 첫째 보행 능력을 키워야 한다. 늘 걸어 다니니 그냥 특별한 훈련 없이도 걸으면 된다고 생각하지만 실상은 그렇지 않다. 산을 다니든 둘레길을 걷든 하루에 만 보 이상 걷는 훈련을 꾸준히 해야 한다. 그것도 가능하면 며칠 연속으로 걸어야 한다. 여기 오기 전 수백 킬로미터 보행 경험을 누적해야 한다.

다음은 음식 훈련이다. 한국식 음식만 고집해선 30일 이상을 견디기 힘들다. 서양 음식에 위장이 적응하기 위한 훈련이 필요하다. 아니라면 퓨전 한식을 만들 줄 알고 준비해 와야 한다. 대개 숙박하는 곳 근처 상점에서 살 수 있는 것으로 조리해 먹을 수 있어야 한다. 또 숙박지마다 점차 취사 시설을 줄이는 추세를 보니 서양식 가공 음식을 무난하게 먹을 수 있도록 위장을 단련시켜 와야 덜 힘들다.

다음은 취침 훈련이다. 여러 명이 각종 소음을 내면서 자는 곳에서도 숙면해야 그날 피로가 풀리고 다음 날도 거뜬하다. 혹자는 귀마개와 안대를 사용해 견디기도 한다. 아니면 소량 수면제를 먹거나 저녁에 와인을 마시고 잠들기도 한다. 이 모두 사전 훈련과 적응 기간이 필요하다. 최후 수단은 돈으로 해결하는 거다. 작은 마을은 없지만 어디든 있는 호텔을 서너 배 더 비용을 지불하고 이용하면 된다.

끝으로 마음 훈련이 필요하다. 왜 산티아고 길을 걷는지 목표를 확실하게 세우고 와야 한다. 종교적 목표이든 스포츠나 관광 목적이든, 사색과 명상, 자아 성찰 시간을 원하든 각자 이 길을 걸으려는 의지를 굳건하게 세우고 와야 한다. 이것이 충분하고 굳건하다면 어떤 어려움과 힘든 것도 모두 헤쳐 나갈 수 있을 것이다. 남이 갔다 왔다고 하니 나도 그냥 한 번 가볼까 하고 오면 정말로 힘들다.

여기서 힘들지 않다는 말을 곧이듣지 않을 수도 있다. 누구나 사정이 다르니 이해 못할 바 아니다. 그렇지만 노력하지 않고 어떤 원하는 결과를 얻으려 하지 않는다면 산티아고 길은 그다지 힘들이지 않고, 원하던 바를 성취할 수 있다. 세계인이 가장 많이 사랑하는 이 길을 당신도 걷고 싶다면 충분히 훈련하고 준비해 도전하길 바란다. 그런 뒤에 반드시 성취하길 진심으로 빈다. 산티아고 길은 결코 힘들지 않다.

## 프리한 구역

먹고 남은 것을 냉장고 쟁반에 올려 두었다. 쟁반 옆에는 로마자 'FREE'가 눈길 끈다. 누구나 먼저 본 사람이 그 음식을 갖다 먹어도 된다는 뜻. 보통 냉장고 음식은 주인이 따로 있어 먹으면 안 되는데 어제 잔 곳은 그렇다. 대체로 주방 싱크대 위 선반 안이나 근처에 놓아두는 것은 아무나 먹거나 요리 재료로 써도 된다는 의미다. 산티아고 배려와 나눔 정신이 드러나는 곳이다.

냉장고 옆에 놓인 조금 남은 와인 한 잔을 따라 마시고 그 주인이 나타나는 바람에 한 병값 4유로를 변상한 적도 있다. 아무런 표시가 없어 식탁에 앉았던 사람 모두 프리라고 인정했는데 결과는 그렇다. 냉장고에 넣어놓거나 그 물건에 이름을 붙이는 게 일반 관례다. 그는 어느 것도 지키지 않고 나타나서 불만스럽게 항의한 아일랜드 인이었다. 분명 그곳은 프리한 지역의 와인이었다.

알베르게는 취사 가능한 곳과 가공식품만 가열해 먹을 수 있도록 전자레인지만 설치한 곳으로 나뉜다. 간혹 둘 다 없고 바(Bar)를 겸비한 곳은 그곳에서만 사먹도록 한다. 보통은 취사하려고 재료를 사와 요리하고 남은 것과 가공식품 또는 음료 따위 때로는 양념도 남겨둔다. 남보다 일찍 도착하면 쌀과 파스타나 스파게티 재료가 있는 경우가 더러 있다. 그건 누가 먹든 아무런 문제없다.

  여기 상점은 소량도 팔지만 묶음으로 또는 봉지로 된 것은 필요한 양만큼 살 수 없다. 어차피 다 못 먹거나 쓰고 남을 줄 알아 사용 후 대신 뒤에 올 누군가에게 제공하는 것이다. 가지고 다니기에는 배낭 무게를 생각하면 어려우니 누이 좋고 매부 좋은 격이다. 이 밖에도 산티아고 정신인 배려와 나눔을 실현할 수 있어 더욱 좋은 일 아닌가. 이런 것이 이 길을 더욱 걷고 싶게 한다.

냉장고 선반에 붙은 Free

# 4부_싸가지 없는 X

여행과 방랑
다시 만나요
혼자 가는 길
제대로 걸렸다
돕고 삽시다
걷기 4단계론
인간 조건
꼴불견
언제쯤 고쳐질까
싸가지 없는 X
아날로그와 디지털
오, 세브레이호
자학적 쾌감

## 여행과 방랑

 드디어 300㎞ 안으로 들어왔다. 이제 걸어갈 곳이 반쯤 남았다는 뜻이다. 그러고 보니 오늘은 출국한 지 20일째 되는 날. 돌아갈 날도 역시 반쯤 남았다. 지나고 보니 어느새 절반이 흘러갔다. 미처 깨닫지 못한 사이에 그렇게 되었다. 아침에 깨어 걷고 숙소에 도착해 씻고 쉬다 저녁 먹고 쉬다 또 잠이 든다. 이렇게 하루하루 흘러 예정한 날짜에서 이제 반만 남았다.

 돌아갈 나라가 있고 집이 있고 가족이 있다는 것은 참 다행스러운 일이다. 여행을 가능하게 하는 요소가 바로 이것이다. 떠나올 수 있는 것, 다시 되돌아갈 수 있는 것. 모두 여행을 참답게 하는 거다. 만일에 돌아갈 곳이 없다면 그것은 여행일 수 없다. 그것은 방랑일 뿐이다. 조선 후기 시인 김삿갓 경우가 그랬다. 그는 돌아갈 데가 없어 여행하지 못하고 평생 방랑만 하다가 생을 마쳤다.

 살던 나라를 떠나 보아야 내 나라가 귀한 줄 알고 조금이라도 애국심을 키울 수 있다. 며칠이라도 집을 벗어나면 가족이 소중한 줄 알게 된다. 학생에게 수학여행을 하도록 하는 진정한 이유가 이것을 체험하게 하는 것이다. 학습은 지식 습득만으로 되는 게 아니다. 실천 경험이 필요하다. 학습에서 학學은 지식이고 습習은 경험을 가리킨다. 둘이 합쳐야 진정한 배움이다.

여행은 인간에게 지식 습득만으로는 알 수 없는 것을 배우고 깨닫게 한다. 순례길을 걷다 보면 왜 많은 생각이 떠오르고 꽤 다양한 감정이 어떻게 솟아오르는지 알 수 없다. 무언가를 설명할 수 없는 것이 여행에서 얻는 중요한 소득이다. 이곳에 내가 또 다시 왔는지 해명할 길이 여기에 있다. 책만으로 알 수 없는 게 꼭 이 길에 있다. 그게 오늘도 내일도 걷게 하는 힘이다.

산티아고까지 남은 거리

## 다시 만나요

"우리 그 언젠가 다시 만나요. 그대여 오늘 기억들을 간직해 둬요. 다시 만나면 오늘을 얘기해요". 37년 전 정미조가 불렀던 〈다시 만나요〉다. 손성제 곡에 이주엽 작사로 된 가요다. 가수 리경숙이 부른 〈다시 만납시다〉는 "잘 있으라 다시 만나요. 잘 가시라 다시 만나요. 안녕히 다시 만나요."이다. 황진영 곡에 리정술이 작사한 북한 인기 가요다.

한국에서 동행 출국한 산티아고 길 동료와 오늘 이 노래를 부르게 되었다. 이제 오늘부터 헤어지고 다시 만나야 한다. 함께 순례길 걷기로 하고 딱 반이 지났다. 절반은 동행했으나 남은 날은 따로 걷기로 했다. 오늘까지는 출발지가 같았다. 숙소에서 출발 시각은 서로 달랐다. 어둠 속에 출발하는 그와 해가 뜰 무렵에 신발 끈을 매는 나는 처음 이틀을 동행하고 줄곧 따로 걸었다.

오늘은 새벽에 떠나면서 그가 배낭을 메고 어제 약속한 곳에서 더 갈지도 모른다고 말했다. 둘이 숙소 침대에 걸터앉아 숙고한 뒤 결정한 목적지에서 더 간다는 말에 나는 그러지 말라 했고 그도 알았다 하고 떠났다. 약속한 알베르게에 이르니 그가 안 보인다. 생각보다 가까워 일찍 도착해 보니 12시가 조금 넘었다. 두 시간쯤 더 지나 약 7킬로미터쯤 떨어진 곳에 그가 머문다는 답이 왔다.

혹시나 하던 일이 사실이 되었다. 나는 약속 장소로 왔는데 그가 없다. 이렇게 떨어진 그를 쫓아가기는 무리다. 오닐로스 델 까미노에서도 그가 그랬었다. 그곳보다 10여 킬로미터 더 간 온타나스(Hontanas)에 머물게 되었다고 나중에 카톡으로 연락해 왔다. 다음 날 그를 다시 만나려고 거의 30여 킬로미터를 걸은 뒤 재회했다. 그런데 또 이런 일이 벌어진 거다. 그 나름대로 사정은 있을 거다. 그게 한 번으로 끝날 줄 알았는데 다시 유사한 일이 벌어질 줄이야.

서로 간 생체 리듬과 산티아고 길을 걷는 방식이 다른 걸 이제는 이해하고 존중할 때가 되었다. 나도 그에게 맞추려고 힘이 들었다면 그 역시 나와 동행하려고 어려움이 있었을 터. 겉으로는 문제가 없었으나 속으론 냄새가 솔솔 나는 둘 사이 불편함을 벗어날 때가 되었다. 상대에게 신경 쓰지 않고 자유롭게 걸어가면 되는 일이다. 산티아고 길은 혼자 걸어가는 길이 맞다. 앞과 뒤에도 사람이 없는 길을, 시상 천하 유아독존의 길을 걸어야 제맛이다. 이게 정답이다.

수십 년간 살을 맞대며 산 부부도 노령에 들면 각자 걸어가는 게 더 좋은 관계를 유지하는 길이다. 각방을 쓰기도 하고 한 사람은 전원주택에서 또 다른 짝은 도시 아파트에서 따로 살아가는 게 건강한 노년 부부 생활의 꿈이기도 하다. 그와 내가 따로 떨어져 걸어가지 못할 이유는 없다.

서로에게 맞는 스타일로 산티아고에 각자 가면 된다. 거기서 다시 만나 마드리드에 가고 함께 같은 비행기 옆 좌석에 앉아 귀국하면 될 것이다. 그래, 우리 그때 다시 만나자.

하루 머문 알베르게 정원

## 혼자 가는 길

　산티아고 가는 길에 한국인이 몰려온다. 여러 여행사에서 온 패키지 순례꾼이다. 보통 10~20여 명 단위다. 같은 시각에 출발하고 같은 장소에 머문다. 한 알베르게에 한꺼번에 몰려드니 다른 순례객들이 어리둥절하기도 하고 사소한 문제나 불편이 함께 따라온다. 그걸 지켜보면서 여러 생각이 오고 간다
　자유 세계에서 어디든지 각자 여행하는 방식에 대해 왈가왈부할 것은 없다. 제각각 형편에 맞게 선택해 즐기거나 의미를 찾고 여행하면 된다. 개성이 다르고 취향이 따로따로이니 일률적으로 이게 옳고 저게 그르다고 단정하거나 백안시할 필요는 애초에 있을 수 없다. 오로지 인생처럼 혼자 선택하고 결정해 따르면 된다.
　8년 전엔 이곳에 셋이 왔다. 이번엔 둘이 왔다. 그런데 오늘부터 사실 혼자 온 셈이다. 홀로 걸은 지는 여러 날이 되었지만 숙박지까지 다르기는 도합 세 번째다. 처음은 알베르게가 만원이어서 떨어졌고, 지난번과 오늘은 동행이 나보다 먼저 출발해 더 멀리 가서 그렇다. 내일부터 서로 각자 걷는다. 출발지와 숙박지가 모두 다를 것이다. 혹 중간에 만날 수는

있으나 그건 사실 희박하다.

처음 이틀만 빼고 사실 혼자 걸었다. 숙박지에서 조우하기는 했지만 따로 걸은 셈. 각자 걸으니 이제 제대로 알겠다. 산티아고 길은 혼자 걸어야 한다는 것을. 홀로 걸어야 제맛을 더 진하게 느낄 수 있다는 것을. 다음 기회는 혼자 와야겠다고 다짐했는데 그것이 이리 빨리 실현될 줄이야. 앞으로 남은 절반 여정은 오롯이 혼자 가는 길이다. 산티아고 콤포스텔라까지.

혼자 걸어가는 옥수수밭과 도로 사잇길

## 제대로 걸렸다

 탱크가 굴러가는 소리다. 지면을 박차는 탱크 캐터필러 굉음이다. 아니다. 헬리콥터에서 기관총을 내리갈겨대는 소리다. 잠시 소강상태를 이루나 싶더니 쌕쌕이가 하늘 높이 치솟는 소리다. 잠결에 놀라 깨어 들리는 소음이라니. 오늘 밤은 제대로 걸렸다.
 산티아고 길이 힘든 것 중 하나가 잠자리이고 그 극복 방법까지 밝히기도 했는데 된통 걸린 셈. 완전히 게릴라 기습 공격에 당한 꼴이다. 방에 관리인 안내로 들어설 때까진 어찌 이럴 줄 알았으랴. 베르실리오스(Bersilios) 마을 입구에 있는 들어선 지 얼마 안 된 깨끗하고 널찍한 알베르게였는데.
 시계를 보니 아직 12시도 안 지난 한밤중이다. 담요를 덮어써도, 엎드려 봐도 파고드는 굉음은 귓속으로 사정없이 뚫고 들어온다. 담요를 들고 일단 방문을 밀고 나왔다. 낮에 보아둔 널찍한 휴게실 소파가 생각났다. 아뿔싸! 문이 가로막는다. 출구 입구에 담요를 펴고 누웠다. 여기서 달아난 잠이 오려나.
 물건도 그렇고 사람도 그렇다. 써보기 전엔 모르고 살아보기 전엔 알 수 없다. 작동이 잘 되는지 괜찮은 사람인지, 물건은 환불이나 반품도 있지만 사람도 인생도 그럴 수 없다. 제 팔자대로 살 수밖에 없지 않은가. 오늘 밤 신세가 딱 그 짝이다. 겉만 보고 고른 선택, 제대로 걸렸다.

출구 앞 임시 대피 잠자리

## 돕고 삽시다

두 여자가 불러서 가던 길을 돌아섰다. 알베르게 문을 나서며 함께 길을 못 찾고 엉뚱한 길로 가던 중이었다. 그녀들도 뒤따르던 서양인이 불러서 제 길을 찾고 앞서가던 나까지 불러 제대로 레온(Leon)으로 올 수 있게 했다. 서양인이 먼저, 그리고 그녀들이 이어서 도와주지 않았다면 오늘 레온 오는 길은 상당히 늦어질 뻔했다.

한국 티브이 프로 중에 〈함께 삽시다〉가 있다. 주로 이혼녀나 독신녀들이 모여서 같이 밥해 먹고 이곳저곳 다니는 게 주요 콘셉트다. 아내가 좋아해서 가끔 곁눈질로 본 적 있다. 이와 유사하지만 조금 다른 것은 티브이 프로 '나 혼자 산다'가 있다. 남녀 연예인이 혼자 살아가는 모습을 보여준다. 둘 다 재미있게 사는 것으로 보이지만 거기에서 잔잔하게 흐르는 진한 외로움을 읽을 수 있다.

혼자 산다고 하지만 사실 알고 보면 여러 사람 도움으로 산다. 한 공동 공간에 함께 붙어살지 않는다고 혼자 산다고 착각하는지도 모른다. 부모가 곁에서 도와주고 친지가 이렇게 저렇게 함께 어울리지 않는다면 과연 그들이 산속 자연인처럼 혼자 살아갈 수 있을까. 표면상으로 혼자 사는 것 같지만 실상은 많은 사람 도움으로 함께 살아가는 셈이다.

 산티아고 순례길 역시 혼자 걷는 길이지만 오늘처럼 길 안내 도움 없이는 제대로 걸을 수 없다. 숙소나 식당에 관한 정보도 서로 나누고, 앞으로 갈 길에 대해서도 좋은 의논 상대는 바로 순례객들이다. 인생살이가 이와 다르지 않다. 홀로 태어나 자기 능력대로 산다고 대부분 알지만 부모 형제를 비롯해 주위 여러 사람 도움으로 누구나 살아간다. 그 진실이 이 순례길에서도 통한다.

순례객 갈증 해소 음수대

# 걷기 4단계론

걷기도 수준에 따라 단계가 있는 운동이다. 걷기를 그냥 좋아한다고 해도 다른 운동과 마찬가지로 수준을 매겨 볼 수 있다. 이 단계를 알고 실행한다면 훨씬 즐겁게 걷기 운동을 할 수 있을 것이다. 걷기 수준을 어떻게 나누는지 정설은 없지만 나는 다음과 같이 나누고자 한다. 이것은 과학적 논리라기보다 실천적 경험에 가깝다.

그냥 운동 삼아 걷는 일상 산보가 1단계 걷기다. 사는 곳에서 가까운 우이천에서 걷는 사람은 대부분 이 1단계 걷기를 한다. 시간이 나면 습관적으로 걸어가는 것인데 특별한 목적도 일정한 거리도 없이 걷고 싶은 만큼 걷는 자유로운 걷기다. 가장 기초적인 걷기다. 어디 가고자 하는 곳으로 걷는 실용적 생활용 걷기다. 일종의 인간 본능적 걷기다.

분명한 목적으로 걷는 경우가 2단계에 해당한다. 주로 세운 목적이 비만 탈출을 위한 걷기나, 당뇨 수치를 줄이기 위한 걷기 등의 건강한 걷기를 위한 것으로 일종 물리 치료용 걷기를 말한다. 1단계 걷기인 본능적 걷기와 실용적 걷기와 달리 의료용 걷기라 할 만하다. 걷기가 좋아서 걷는 것이 아니라 약간의 강제성이 달린 목적성 걷기가 2단계다.

3단계는 걷기를 좋아해 여기저기 마땅한 장소를 찾아서 걷는 단계를 가리킨다. 즐기기 위한 걷기 단계다. 어떤 걷기 동호인 모임에 참여하거나 일정 주기로 만나서 걷는 경우를 말한다. 이 정도만 되어도 걷기광이라 부를 만하다. 의도적으로 틈내어 걷는 단계로서 진정 걷기 즐거움을 아는 단계다. 어떤 방식이든 즐겁게 걷는 사람은 모두 이 단계에 속한다.

마지막 4단계는 무심 지경의 걷기를 말한다. 스스로 걷고 있는지 지금 어떤 상태로 걷는지 거의 의식하지 못하고 그냥 몸이 가는 대로 자신을 모두 맡겨서 걷는 경지다. 수많은 거리를 걸은 경험이 쌓여도 쉽게 이 경지 수준에 오르지 못한다. 어느 순간 자신도 모르게 찾아오는 카타르시스 걷기. 오랫동안 걸으면서도 쉽게 맛볼 수 없는 최상 걷기다.

마지막 단계 걷기는 일상에서 거의 맛볼 수 없다. 여러 날 계속해서 걷다가 어느 순간 이 경지에 오를 수 있다. 산티아고 길을 여러 날 걸쳐 걷는다면 한두 번 맛볼 수 있다. 몸에 힘 빠지고 걷는다는 의식 없이 발이 몸을 이끌고 가면서 전신에 퍼지는 쾌감과 행복감이 스르르 찾아온다. 오늘 어느 순간 잠시 그 느낌이 찾아왔다 사라졌다. 언제 다시 다가올지 알 수 없다. 무작정 기다려 볼 참이지만 이 길에서는 가끔 기대해보고 싶다.

## 인간 조건

'인간 조건'이라 하면 앙드레 말로 소설이 떠오른다. 죽음으로써 인간 조건을 벗어나려는 위대성을 다룬 소설로 프랑스 콩쿠르 상을 수상한 명작이다. 산티아고 길을 걷다 보면 이와 전혀 다른 관점에서 인간 조건을 떠올린다. 어떤 조건에서 인간은 생존하고 나아가 실존할 수 있는지를.

눈 뜨고 일어나 온종일 걷는 게 일의 전부인 이곳 산티아고 길에서는 인간 생존 조건을 생각하기 마련. 인간이 개체로 생존하기 위한 최소 조건은 무엇일까? 실존의 철학적 명제가 아니라 생명을 연장하는 생물적 조건을 먼저 생각하게 한다. 걷는다는 행위 말고 달리 특정한 게 없으니 말이다.

걷고 나서 피로를 푸는 일, 서로 모여서 얘기 나누며 와인과 맥주잔을 부딪치는 일, 휴대폰을 들여다보는 게 전부인 생활. 반드시 따르는 조건은 결국 세 가지뿐이란 결론에 의심할 바 없이 도달한다. 이 점에선 이 길 위 누구도 예외가 없기 때문이다.

갓난쟁이처럼 먹기, 배설하기, 잠자기, 이 세 가지만으로도 인간으로서 기본 조건은 누리는 셈이다. 인간일 수 있는 조건이 절대 거창하지 않다는 것. 어느 동물에게도 예외 없는 생명체 필수 조건. 만물의 영장이라 내세우지만 결국 동물과 같은 조건에서 인간 조건도 성립한다는 것. 그것을 깨우치는 길이 이곳이다.

# 꼴불견

　세계 각국 수많은 사람이 산티아고 순례길에 모여든다. 이미 지구촌 주인공이 된 한국인도 이런 자리엔 결단코 빠지려 하지 않는다. 그것도 상위 순위를 지키며 계속 성장 일로에 있다. 세계인답게 세련된 매너를 보이는 한국인도 있지만, 안에서 새는 바가지가 그대로 나온 경우도 더러 보인다.
　각자 쌓아온 경륜이 다르고 가치관이 차이 나니 일률적으로 판정할 수는 없다. 결국 꼴불견인지 아닌지는 제각각이란 말이다. 산티아고 길에서 보는 꼴불견 역시 필자 관점이란 걸 누누이 밝혀 오해를 벗어나고자 한다. 다른 사람에겐 오히려 그 반대 관점에 놓일 수 있다는 점 역시 옳기 때문이다.
　서양 남자 중에는 자기 집 안방에서나 가능한 옷차림으로 돌아다닌다. 빤스만 하나 걸치고 누리끼리한 털북숭이 배불뚝이 상체를 덜렁거린다. 바라보는 내가 놀라 눈길을 돌린다. 젊은 여자 역시 여름철 해변 수영복 차림으로도 거침이 없다. 오히려 이를 꼴불견으로 바라보는 내가 이상한지 모른다.

한국인 얘기 소리는 유난히 크다. 두셋만 모여도 금방 표가 난다. 이보다 더 큰 소리는 한국 여인네들에게서 나온다. 튀는 목소리가 한국어를 알아듣는 나에게만 유독 높게 들리는지도 모른다. 여성 지위 상승이 목소리 크기만 불러왔나 하는 의심마저도 떠나지 않는다.

듣고 싶지 않은데 자기 자랑이 심한 것도 꼴불견이다. 묻지 않았는데 국내 신분이나 지위를 밝히곤 주절주절 큰 소리 내는 한국인도 여럿 보았다. 혼자만의 길을 걷고자 하는 이곳에선 어울리지 않는 꼴불견이다. 가능하다면 가진 것과 누리고 있는 것을 온전히 내려놓고 걸으면 좋지 않을까.

패키지여행으로 이곳을 찾는 한국인이 날로 늘어간다. 이번 길에서도 두 여행사의 단체 순례 객을 만났다. 그들 무리로 보일까 봐 피하려고 애를 써보지만 쉽지 않다. 수십 명씩 몰려다니는 순례길 걷기가 자칫 세계인에게 꼴불견으로 비치지 않을지 자못 우려스럽다.

## 언제쯤 고쳐질까

정해준 방으로 가서 벽면을 보고 깜짝 놀랐다. 이게 무슨 말이야, 영문을 보고 뜻을 이해했지만 잘못된 번역문이다. "오후 10시부터에서 계속 빈틈을 유지합니다" 무슨 귀신 씻나락 까먹는 소리? 영문은 "FROM 10:00 PM, IS BLANK TO KEEP SILENT" 즉 밤 10시 이후부터 소등하니 조용히 있으란 거다.

2019년 기준으로 산티아고 길을 찾는 한국인 숫자가 연간 8천여 명을 넘어서 세계 8위 수준이란다. 물론 동양권 1위는 물론이고. 우수 고객을 위한 언어 서비스 정신은 옳고 좋은 일이다. 중국과 일본을 제친 것도 경하할 일이다. 하지만 기계 번역인지 엉터리로 써놓으니 차라리 그냥 놔두어도 될 걸 그랬다. 그 정도 영어는 여기 찾는 한국인에겐 별 게 아닌 수준이다.

종이에 그것을 고쳐 써서 순례 객을 맞이하는 접수창구로 갔다. 그것은 틀렸으니 바르게 고치라고 알려주었다. "오후 10시부터 소등, 실내 정숙"으로 바꾼 종이를 내밀면서. 창구 남자의 스페인어와 내 수준 콩글리시 영어라서, 이것은 틀린 문장이니 고쳐야 한다 해도 자꾸 밀어내기만 했다. 마침 장신의 외국인(국적 불명)이 내 의도를 알고 도와주어서 고맙다는 인사를 하며 받아주었다.

그러나 과연 이게 언제쯤 바뀌어 벽면에 붙을지 알 수 없다. 혹시나 해서 둘러보니 안내문이 붙은 여기저기에 스페인어, 영어, 프랑스어, 독일어, 그다음에 한국어 순으로 쓰여 있다. 다 읽어보니 그 정도는 별문제가 안 될 듯도 싶다. 빌라프랑까 델 비엘조(Villafranca Del Bielzo) 공립 알베르게에서 다음에 고쳐진 글이 붙는다면 내가 국가대표(?) 역할을 한 건 한 셈이 되는 건가.

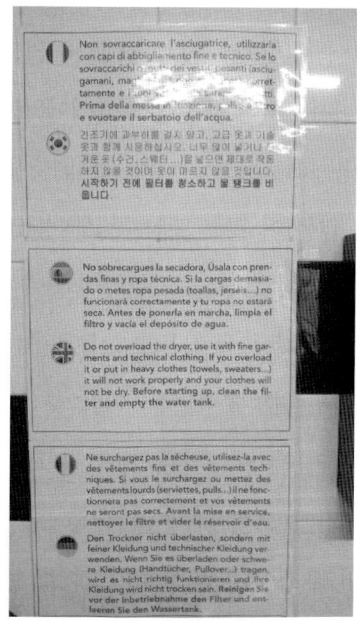

세탁기 놓인 곳에 붙은 안내문

# 싸가지 없는 X

사진을 '마구마구 찍어' 달랜다. 라바날 델 까미노(Rabanal del Camino)에서 언덕 오르막을 한 참 올라 마주한 길가 대형 십자가. 돌무더기 위에 거대한 십자가를 배경으로 여러 명이 사진을 찍는다. 몇 장 찍고 돌아설 때 한국 여자가 다가와 사진을 찍어주겠다 했더니 핸드폰을 넘기고 십자가 앞으로 가면서 한 말이다. 그 말대로 여러 장을 마구마구 찍어 건네주었다.

어제는 날씨가 좋지 않았다. 안개 속에서 출발하고 얼마 뒤부터 오르막 너덜 산길이 계속 이어졌다. 다 올랐는가 싶으면 또 돌길에 오르막이 이어져 정말 힘든 길이었다. 이제껏 걸은 산티아고 길 중에서 최악의 길, 나도 모르게 입 밖으로 욕이 나올 지경이었다. 걷다 보니 한국인인 듯 작은 여자가 앞에 갔다. 평소 페이스대로 걸어 그녀를 앞질렀다. 얼마간 걸어 내리막길이 나타나 걷는 속도가 자연스레 조금 더 빨라졌다.

그런데 뒤에서 걷는 게 아니라 뛰는 소리가 들렸다. 그걸 들으며 계속 같은 속도로 걸었다. 누가 이 힘한 산길에서 뛰는지 궁금했으나 돌아보지 않고 그냥 내리 걸었다. 잠깐 멈칫했는데 지나쳐가는 사람을 보니 아까 앞지른 그녀였다. 뒤에서 뛰며 쫓아온 여자가 그녀란 것은 알겠는데 왜 그럴까. 추월해서 앞에 가는 걸 보니 또 뛰어갔다. 허, 참!

궁금한 채로 가는데 뒤에서 부엔 까미노라고 하면서 뛰어오는 소리가 들렸다. 혹시 한국 여자, 맞다. 아까보다 더 통통한 여자가 막 달려 내려왔다. 뒤돌아 지나가는 여자에게 물었다. "왜 그렇게 빨리 가요? 집에 엿 붙여 놨어요?" 대답 없이 내려가는 사람들 옆을 빠르게 스쳐 지나갔다. 두 여자를 보면서 든 생각은 이 길은 뛰어다니는 길이 아닌데, 왜 저럴까?

어제와 달리 비도 오지 않았고 길이 대체로 평탄하게 이어졌다. 알베르게에서 제일 늦게 쫓겨나오다시피 8시 넘어 길에 나섰다. 나보다 앞서 새벽에 나간 사람들 찾아 주위를 둘러보았다. 한두 사람이 보이는 첫 마을 입구 카페에 들렀다. 커피 라떼를 주문해 마시려는데 그녀가 들어섰다. 마구마구 사진 찍어주었던 양갈래 머리 여자였다. 확인 겸 아는 척했는데 시큰둥했다. 어제도 그랬던 것 같다.

먼저 카페를 나서며 나를 힐끗 보더니 카페 주인에게만 외국어 인사를 하더니 짧은 다리가 훌쩍 사라졌다. 아니 저 싸가지 없는 X을 보게. 어제는 그러나 보다 싶었는데, 다시 만난 나에게 어제 일로 감사 인사는 못해도 그냥 아무 말도 없이 가버리다니! 내리막 산길을 마구 달린 여자들은 산티아고 길을 모독한 싸가지 없는 X들이라면, 이 여자는 나에게만 싸가지 없는 X로 영영 기억되리라.

## 아날로그와 디지털

 어제는 한국인 여자 셋이 알베르게 문 앞에 서 있었다. 상점에서 산 물건을 들고 오는 것을 보고 그곳이 어디냐고, 한 여자가 물었다. 한 여자는 휴대폰 화면을 보면서 내가 가리키는 방향이 아니라고 그랬다. 직접 찾아가 사 온 내가 알려준 곳은 휴대폰 정보와 다르다고 그랬다. 이미 다녀온 나를 보고도 저러니, 어휴 정말 어쩌면 좋을까.
 여기 와서 휴대폰 정보에 지나치게 의존하는 사람을 여럿 보았다. 그들은 그게 없으면 숙박한 곳 거리에도 나서길 두려워하는 것만 같았다. 궁금한 것은 무엇이든지 그것에 맡겼다. 음식점을 찾거나 상점을 가기 전에는 이것을 검색해 물었고 길을 걸으면서도 휴대폰 지도가 가리키는 대로 움직였다. 저것이 없으면 저 사람들은 어쩌나?
 나는 막무가내로 나서서 눈으로 보며 더듬어 찾는다. 안 되면 길에서 그 지역 사람에게 묻는다. 스페인어를 모르니 손짓 발짓을 동원하면 알아낼 수 있다. 직접 그들이 앞서가며 가르쳐주기도 한다. 이런 방식이 좀 더 익숙하고 더 편하다. 길을 찾다가 휴대폰 안내로 찾아갔다 오는 한국인 젊은이에게 물어보면 역시 휴대폰을 보여주며 가르쳐 준다.

여기는 대도시가 아니라면 10~20분이면 동네 한 바퀴를 다 돈다. 눈으로 보아 가며 찾아도 못 찾을 게 전혀 없다. 디지털에 익숙한 그들이 보면 완전히 아날로그 방식이라서 한심한 꼰대라 할 것이다. 나도 웬만큼 디지털 문해력文解力은 있다. 다만 결정적일 때만 그걸 이용하는 게 다를 뿐이다. 기계만 의존하다가 그게 작동이 안 될 때는 마냥 주저앉아 발만 동동 구를지 모를 일이다.

# 오, 세브레이호

'당신은 모르실 거야'는 혜은이 인기 가요입니다. 왜 마을 이름에 감탄사 오!가 붙는지를, 겪어보지 못한 당신은 진정 모를 겁니다. 걸어 직접 넘어보지 않고 어찌 알겠습니까. 우리말 발음으로도 오, 혀가 빠지게 힘든 곳, 쎄빠지리오로 부르고 싶은 마을. 어제 잔 마을이 그렇습니다.

출발지인 빌라프랑카 델 비엘조에서 20여 킬로미터 도로 옆길을 걸어서 루이테랑(Ruitelan)에 왔었지요. 그곳에서 산악 마을로 접어들어 세 곳 마을을 거쳐야만 하는 곳, 어제 목적지 오 세브레이호(O Cebreiro)는 라스 헤레리아스(Las Herrerias), 라 파바(La Faba), 라 라구나 데 카스티야(La Laguna de Castilla)를 지나가야 합니다. 총 8킬로미터가 넘는 거리지요.

오는 비를 피하려고 루이테랑에서 커피 한잔하는 사이 비가 그쳤습지요. 판초 우의를 개어 넣었습니다. 더 안 쓰길 바라는 마음도 함께 묶어서죠. 다행히 비는 그쳤고. 신발 끈을 단단히 조이고 나섰습니다. 첫 마을까진 경사가 심하지 않더군요. 다행입니다. 다리를 건너 남은 거리를 확인하는데 아무도 뒤에서 따르는 이가 없었는데 하나둘 나타납니다.

이곳부터 조금씩 경사가 가팔라졌어요. 이곳엔 비가 안 내렸는지 큰 나무가 가려주었는지 마른 땅입니다. 편하게 올랐지요. 방심한 걸까요. 점차 경사가 심해집니다. 헉헉거리며 두 번째 마을에 올랐어요. 바람이 조금씩 불기 시작하더니 그쳤던 비까지 뿌리네요. 우비를 꺼내 다시 걸쳤습니다. 길바닥에 자갈이 많고 길까지 질퍽거리니 더욱 힘에 부칩니다.

숨이 턱에 차고 땀은 흐르다 못해 눈 속으로 파고듭니다. 땀인지 빗물인지 가슴과 등판은 흥건히 젖어 옷은 몸에 치근덕거리며 달라붙습니다. 아, 그만 여기서 주저앉고 싶었습니다. 그때쯤 길옆으로 산 옆구리와 아래 풍경이 보이기 시작했어요. 능선이 겹치고 골짜기 사이 곳곳 경사지에 풀밭과 집도 드문드문 보였습니다. 가야 할 곳 정상이 가까운 거겠지요.

도로가 보이더니 상점이 나타나고 오른편에 교회도 빗속으로 모습을 드러냈습니다. 순례길 노란 화살표를 그리다 생을 마쳤다는 프랑스 신부가 잠들어 있는 곳. 그가 있어 편히 길을 찾아 순례가 이어지는 거겠지요. 이제 남은 길은 150여 킬로미터 종장이 머지않았군요. 순례길 클라이맥스에 도달한 것. 마음과 체력도 바닥을 보이지만 내일도 가야 합니다. 오 세브레이호를 넘어서.

## 자학적 쾌감

 오늘은 힘들다. 오르막 산길을 3시간 가까이 걷는 중이다. 지난밤 잠을 설친 탓인지 헛다리 짚는 듯 휘청거린다. 앞질러 간 둘이 안 보인다. 숨이 헉헉 막힌다. 쉬지 않고 그대로 몰아댄다. 무릎에 통증을 느낀다. 몸을 스스로 학대하고 있는가. 순간 생각이 여기 이른다. 그래도 멈추지 못한다.
 심리학에 자학적 쾌감이란 용어가 있는지 모르겠다. 자신을 사정없이 가학하는 이 심리는 왜일까. 지금 상태는 가학이 분명하다. 자신에게 가하는 신체 학대. 멈추지 않는 건 가는 데까지 가보자는 자기 시험 심리는 아닌가. 자신을 상대로 무언가를 확인하고 싶은 욕망. 자존감 지속의 생존 본능 한 뿌리일지도.
 한 사람이 모퉁이 오르막에서 쉬고 있던 여자에게 말을 거느라 멈춘 사이 그를 앞지른다. 한 사람은 배낭 부피도 적잖은데 쉴 새 없이 잘도 올라간다. 저 사람마저 따라잡으면 앞에 아무도 없다. 눈앞은 비가 내려 질퍽한 길바닥. 바닥만 보며 발을 내딛는다. 어느 순간 그가 멈칫하는 사이에 그를 앞지른다. 앞쪽으로 마을 입구가 보인다. 잠시 쉬면 더 힘들다. 천천히라도 전진해야 한다.

얼마간 더 오르니 샘터가 나타난다. 비로소 멈출 때다. 배낭을 내려놓고 샘물로 눈 속까지 파고든 땀을 씻어낸다. 여기까지 배낭에 넣어 온 맥주 캔을 딴다. 자학적 쾌감 결정판이다. 운동선수가 목표 훈련량을 채운 뒤에 바닥에 벌렁 드러누워 숨을 몰아쉬는 맛이 아마도 이럴 것이라 짐작해본다. 그 맛에 운동선수가 되었을지도. 신체로 맛보는 쾌감을 한순간이나마 험한 산티아고 산길에서 느껴본 날이다.

# 5부_묵시아 가는 길

산티아고도 변한다
고행의 길
어머니와 아들 이야기
행복 덩어리
같은 걸까요
이름도 성도 몰리
양말 구이
걷기 명
다시 원점에서
성취감을 맛보려면
묵시아 가는 길
잘 걷는 법
감자전과 막걸리
묵시아에 와 보니

## 산티아고도 변한다

　산티아고 가는 길이 변해 간다. 세월 따라 세상만사 변하는 걸 여기인들 별수 있겠는가. 소동파가 적벽부에서도 세상 변화 이치를 일찍이 말하지 아니했던가. 세월 따라 영웅도 사라지고 세상도 변하는 걸 누가 막으며 누가 그것을 부정한단 말인가. 자연마저도 예외 없다.
　산티아고 길이 달라지고 있다. 자연의 길에서 조금씩 인공의 길이 많아지고 있다. 흙바닥에 자갈이 깔린 정도는 자연 친화적이라 본다지만, 시멘트 포장도로와 아스팔트 길이 점차 많아져 간다. 관리하기도 편하고 이용하는 것도 수월하기 때문인가. 발에 닿는 감촉은 아쉽지만 어쩔 수 없다.
　길만 바뀌지는 않는다. 길을 걷는 사람도 달라져 간다. 참회의 길, 용서의 길, 자성의 길, 수행의 길이 관광의 길, 체력단련의 길, 우정의 길, 친교의 길로 바뀌어 간다. 몰려오는 사람 막을 수 없다면 그들에 의한 변화를 감내하는 수밖에 없는 일, 산티아고도 그러할 터.
　나 역시 그 변화를 촉진하는 사람이다. 장시간 걷기 위해서 두 번째 방문 중이지 않은가. 그렇지만 너무 빠른 변화는 마음에 내키지 않는다. 제주도의 빠른 변화에 아픈 가슴을 달래기도 했었다. 여기도 다음에 오게 될 때는 또 어떤 변화를 마주하게 될지 자못 궁금하다 못해 걱정되기도 한다.

## 고행의 길

오늘도 고행길이었습니다. 비는 뿌려대지 바람도 쉴새 없이 몰아치지, 앞에도 뒤에도 사람은 보이지 않지, 오르막은 계속 이어지지, 그야말로 고행이었습니다. 그런데도 행복했습니다. 이 무슨 조화 속이란 말입니까? 고행 속의 행복한 느낌을 당신은 이해하실 수 있는지요?

낡은 판초 우의는 있으나 마나 빗물을 옷으로 받아 몸에 그대로 전해 주고요. 바지는 젖어 발에 감겨서 질척거리고요. 모자챙으로 떨어지는 물방울은 얼굴에 내려꽂히지요. 온몸에 으슬으슬 한기가 들어 턱이 떨리며 '딱딱딱' 입에서 소리가 나지요. 가야 할 길은 멀고 이 지경이 얼마나 더 이어질지 알 수는 없지요.

이 순간 나는 편안합니다. 벌판에 우뚝 선 한 그루 나무처럼 당당하게 하늘 향해 손을 벌리듯 초연하게 걸어가고 있지요. 한 마리 초원 말처럼 유유히 목적지를 향해 한 걸음씩 내딛고 있습니다. 가야 할 곳이 있는 오늘은 행복합니다. 따스한 온수 샤워가 간절해지고 작은 몸 누일 침대가 기다리는 곳. 그곳으로 말입니다.

체코 태생 문예비평가 게오르그 루카치가 말했다던가요. 하늘의 별만

보고 밤길을 갈 수 있었던 시대는 행복했다고. 그렇습니다. 오늘의 내가 정말 그랬지요. 오직 한 가지만을 생각하고 묵묵히 길을 걸을 수 있는 그 순간이 진정 행복할 수 있는 순간임을 깨달았습니다. 고행의 길도 행복할 수 있다는 것을 말이지요.

벌판에서 홀로 비를 맞고 있는 나무

## 어머니와 아들 이야기

주방에 들렀습니다. 물이라도 데워 마시려고요. 모자가 라면 봉지를 뜯고 있더군요. 라면을 어디서 구했냐고 물었습니다. 한국인 어머니와 아들이었습니다. 끓인 라면까지 얻어먹으며 얘기를 나누기 시작했지요. 그들의 산티아고 길 이야기를 말이지요. 상점에서 아무것도 못 사고 돌아온 참이었거든요.

한 열흘 먼저 왔군요. 걸음이 느려서 나와 만난 것이고요. 중학생으로 보이는 아들과 40대 후반으로 보이는 엄마는 함께 서로 애증을 견뎌내며 여기까지 왔습니다. 서로 맞추며 걷기가 힘들다네요. 모자 사이인데도 말이지요. 함께 온 친구와 따로 걸으니 더 좋다고 말해 주었습니다. 큰마음 먹고 온 여행인데도 그렇다는군요.

라면은 여기 숙소에서 샀는데 3유로씩이나 한다네요. 한국보다 서너 배 비싼 값이지요. 라면마저도 나가면 값이 오르듯 한국인도 비싼 외국인이 됩니다. 전 일정을 코디 받아 왔다는데 비용이 대략 나보다 두세 배나 비싼 값으로 여행 중이군요. 숙소와 교통수단도 예약해서 움직이고, 점심과 저녁은 따로 해결하면서 말이지요.

그들과 나는 비싼 만큼의 제값을 하고 있는지 문득 궁금해졌습니다. 한국 식품을 라면이 대표하듯 우리는 한국인을 대표하고 있는데 말이지요. 작은 언행 하나하나 이곳 사람에겐 한국인의 어떤 것으로 각인되겠지요. 남은 기간만이라도 더욱 말조심 몸 간수 잘하면서 산티아고까지 가야겠다는 생각이 든 밤이었습니다.

한국에서 아들과 왔다는 어머니와 얘기 나눈 사리아 알베르게 주방

## 행복 덩어리

  엄마가 아기를 안고 아빠는 배낭을 두 개 메고 걸어간다. 무엇이 이 가족을 이 길로 끌어들였는가. 지나치며 보니 아기는 엄마 품에 잠들어 있고 부부는 미소로 행복한 순간을 숨기려 하지 않는다. 엄마는 아기 체중을 아빠는 배낭 무게를 행복 덩어리로 느끼는 듯 보인다.

  그때는 나도 그랬다. 큰 애를 안고 북한산을 오른 적이 있었다. 나 역시 딸 무게를 느끼지 못했다. 체온이 오가는 데는 옷이 아무런 방해도 되지 않았다. 따스한 행복이었다. 그냥 행복 덩어리였다. 큰 애가 서른이 넘었으니 한 세대 전이었다. 그 시절 떠올리면 흐뭇하기만 하다.

  곤자르(Gonzar) 숙소에서 새벽하늘에 뜬 별을 보면서 하루를 시작했다. 날이 밝아오면서 길에 여기저기 사람이 보였다. 나보다 먼저 걷기 시작한 사람들이다. 어제는 사리아(Saria)를 벗어나면서 바로 아기를 안은 엄마와 배낭을 두 개 짊어진 아빠를 보았다.

  빨라스 데 레이(Palas De Ray)로 오는 길에서 한국인 가족을 만났다. 결혼한 딸과 부모였다. 카페에서 쉬다 만나 잠시 얘기 들었다. 미국 교포와 결혼해서 비자가 나오는 동안 산티아고 길을 함께 걷는다고 했다. 그들도 행복해 보였다. 부모에게 자녀는 작으나 크나 행복 덩어리다.

행복 덩어리 가족

## 같은 걸까요

 배낭도 없이 팔랑거리며 앞에서 걷는다. 간혹 저런 사람을 이 길에서 본다. 어깨 한쪽이 기울게 무거워 보이는 배낭을 메고 한발 한발 천천히 걷는 늙수그레한 사람도 마주친다. 둘은 같은가 다른가. 양극단 형태로 이 길을 걷는 경우를 가끔 접하곤 고개를 갸웃거린다.
 사리아를 벗어나자 100여 킬로미터가 남았단 표지석이 눈에 띈다. 정확히는 110여 킬로미터가 넘지만 통상 사리아부터 산티아고까지 걸으면 완보 인증서를 받을 수 있다. 이걸 한국인을 비롯해 외국인도 많이 이용히는 기로 알고 있다.
 자기 등에 배낭을 메고 걷든 짐을 배달시키고 가볍게 걸어가든 인증서엔 아무런 표시가 없다. 똑같다. 인증서 종이 한 장으로는 그 차이를 구별할 수 없다. 속 내용을 모르는 사람이나 그것을 말하지 않는 당사자에겐 똑같이 산티아고 길 완보 인증서일 뿐이다.
 과연 둘은 같은 건가. 분명 다르다. 종이 한 장으로는 드러나지 않는 많은 차이가 있다. 달랑 검정 시험만으로 학력 인증받는 경우와 일정한 학업 과정을 마친 것은 아주 다르다. 겉으로는 같아 보여도 실상은 다르다. 근무했던 직장에서도 그런 경우를 접했다. 결단코 둘은 같지 않다.

큰 배낭 메고 걷는 커플 노인

## 이름도 성도 몰라

 그녀 성도 이름도 모른다. 통성명한 사이가 아니기 때문이다. 하지만 여러 번 마주쳤다. 젊은 한국 여성인데 아헤스(Ages)에서 처음 보았다. 나이든 서양 남자와 야외 식탁에서 밝은 표정으로 대화하는 걸 바라봤다. 그곳엔 한국인도 여럿인데 혼자만 외국인과 어울렸다.

 4유로 아저씨라 부른 와인 사건 이후에 유창한 영어가 부럽다 했더니 안 그렇다면서 말했다. 한국인 영어가 신통찮은 걸 서양인도 알아서 천천히 또박또박 말하고 잘 들어주어 대화할 만하다 그랬다. 어쨌든 생존식 영어로만 다니는 나는 무척 신기했다.

 한동안 길에서 건 숙소에서 건 마주치지 않았다. 트리아카스텔라(Triacastella)에서 사리아로 내려오던 중 비 맞고 추위에 떨다가 들어간 카페에서 또 그녀를 보았다. 젊은 서양인 남자와 역시 즐겁게 대화 중이었다. 서로 놀라며 고개만 까딱했다. 사리아에서 숙소 찾다가 길에서 상면하고 더는 못 봤다.

 언제 다시 다른 서양인과 함께 어울리는 걸 마주칠지 모르겠다. 무슨 목적으로 볼 때마다 서양인과만 대화하는지 알 수 없지만 하여튼 산티아고까지 잘 걷고 돌아가길 바란다. 이 길에서는 어떤 일도 일어날 수 있다. 여기도 역시 사람 사는 세상 아닌가. 어떤 가능성도 늘 열려 있는 곳이다.

# 양말 구이

오 세브레이호 알베르게를 나서면서부터 그랬다. 오른발 안으로 물이 물컹 들어왔다. 어디가 새나 보다 짐작하면서 줄곧 걸었다. 그것을 확인할 틈도 여유도 없다. 비바람은 몰아치고 눈앞은 뿌옇기만 했다. 그렇게 트리아카스텔라까지 걸었다. 물이 질퍽한 상태로 걷고 걸어서 곤자르(Gonzar)까지 왔다. 임시 대책으로 양말 두 켤레 신으며 견뎠다.

문제는 또 있다. 젖은 발로 양말을 두 개씩 소모하며 왔으니 마른 양말이 없다. 곤자르에서 잠깐 해가 들어 말려 보았으나 시간이 부족했고 해 뜬 하늘에서 또 비가 쏟아지기도 했다. 밤새 침대 곁에 걸어두고 말려 보았으나 다시 신기에는 물기가 너무 많다. 말려야 하지만 방법을 찾기 어려웠다. 어쨌든 일어나서 양말을 들고 주방으로 내려왔다.

갈리시아(Gallisia) 지역에선 전에는 취사 금지였다. 이번엔 달라졌다. 갈리시아 첫 지역인 오 세브레이호에 가니 취사용 발열 판과 전자레인지가 있었다. 문제는 요리할 도구를 제대로 갖추지 않았다는 것. 기껏 냄비 하나와 접시 몇 개가 전부, 숟가락도 없고 누가 두고 간 플라스틱 포크뿐. 곤자르는 더 했다. 냄비는 없고 프라이팬과 접시, 물컵과 종지 한

개, 스푼과 포크 몇 개가 서랍장에서 졸 뿐이었다.

 양말을 우선 전자레인지에 넣고 돌려 보았다. 습기가 빠질 데가 없으니 그 안이 뿌옇기만 하고 마르지 않았다. 발열 판에 양말을 올려놓고 1단부터 시작했다. 신통치 않다. 다시 2단, 3단으로 올리니 타지 않고 마르는지 김이 모락모락 올랐다. 요리하는 도구가 있어야 할 발열 판에 그릇 대신 양말이 올랐으니 양말 구이가 아니고 무엇인가. 어쨌든 발열 판을 써보기는 했다.

 대충 구워진 양말을 겹쳐 신고 조금 큰 곳인 빨라스 데 레이(Pallas De Ray)에 왔다. 신발 살 수 있는 희망을 품고 물웅덩이나 질펀한 길을 최대한 피해 걸었다. 노란 화살표가 꺾어지는 도로 입구 건너편에 우비를 걸어놓은 곳이 보였다. 마치 나를 기다렸다는 듯이 작은 발에 딱 맞는 신발이 그곳에 얌전히 앉아 있었다. 양말까지 샀으니 남은 거리, 산티아고까지 70여 킬로미터는 문제 없겠다.

 신발 하나로 충분할 줄 알았다. 아마도 오 세브레이호 언덕길을 오르면서 그랬을지 모른다. 자갈길이고 오르막인데 비까지 뿌려대는 길에서 신발 밑창이 닳았고 펑크까지 난 것. 이 길에선 무슨 일이든 일어날 수 있다. 다만 그것을 정상 방식보다 임시변통으로 해결할 밖에 없다. 그것마저 안 되면 견디는 수밖에 없다. 때문에 이 길이 힘들고 걷기 어려운지도 모른다.

# 걷기 멍

앞에 걷는 사람이 안 보인다. 뒤에는 멀찍이 떨어져 누가 따라오고 있다. 길양 옆으로는 우람하게 높게 자란 나무가 경비 서고 있다. 발은 편하게 앞으로 나아간다. 가려고 하지 않는 데도 저절로 알아서 잘 간다. 자동차에 크루즈 기능이 있듯 이건 크루즈식 걷기다.

아무 생각도 없이 시간을 보내는 걸 멍 때리기라고 부른다. 심지어 멍 때리기 대회도 하는 걸 보았다. 그만큼 현대 사회에서 두뇌를 텅 비우고 별생각 없이 그냥 있기가 어렵다. 가끔 그렇게 머리를 쉬면서 복잡한 심사를 정돈하려는 열망이 곳곳에서 일어난다. 그렇게 보면 불교 참선도 일종 멍 때리기가 아닌가.

모닥불을 피워 놓고 멍하니 있는 불멍도 있다. 바닷가에서 하는 멍 때리기도 있다. 이것들은 그냥 몸을 움직이지 않고 하는 멍 때리기라면 이와 정반대인 것, 걷기 멍도 있겠다. 발이 나아가는 대로 몸을 맡기고 아무 생각 없이 걷는 것. 앞과 옆에는 다른 사람이 없어야 한다. 길만 보이는 곳에서 할 수 있다.

이곳 산티아고 길은 정말로 걷기 멍 최적 장소다. 그래서일까, 혼자 이곳을 찾는 사람이 여럿이 어울려 오는 사람보다 많은 이유인지도 모른다. 친구, 가족과 왔을지라도 때로는 따로 떨어져 홀로 걸어보기를 권하고 싶다. 걷기 멍 하기가 이곳 말고 더 좋은 곳이 또 있을까. 산티아고 길 매력 하나 추가한다.

산길을 홀로 걷는 순례객

## 다시 원점에서

　마침내 산티아고 중앙 광장에 섰습니다. 스페인 동쪽 끝 산골 론세스바에스부터 길에 나선 지 30일 만에 이곳에 왔습니다. 총 걸은 거리 755㎞. 길 못 찾고 헤매다닌 거리까지 합하면 아마 더 길겠지요. 인증서에 기록한 거리는 755㎞로 나와 있습니다만.

　돌아보니 한 달이 훌쩍 지나갔군요. 장 교수와 함께 출발하고, 따로 걷다가 오늘 다시 만난 나바콜라(Navacola)부터 산티아고까지 나란히 걸어왔습니다. 앞서거니 뒤서거니 걸었지만 결국 마무리는 둘이 만나서 출발할 때와 마찬가지로 끝을 마무리했습니다. 시작과 끝이 여일한 셈이지요.

　산티아고 입성이 끝이 아닙니다. 부록이 남았습니다. 산티아고부터 묵시아까지 또 걸어가기로 했지요. 돌아갈 시간이 남았고 힘도 여유분이 있기 때문이지요. 함께 인증서를 받고 발맞추어 걸어서 오늘은 벤토사(Bentosa)에 와 묵었습니다. 앞으로 며칠이 걸릴지 가 봐야 알겠습니다.

　끝은 또 다른 시작이란 걸 걸으면서 생각해 보았습니다. 이 길도 끝이 나겠지요. 그러면 귀국하여 다른 생활을 시작하는 거겠지요. 결국 끝은 없다는 말이고 잠시 다른 시작을 위한 일단 멈춤만 있는 건가 싶어요. 어쩌면 인생도 죽음이 끝이 아닌 어떤 멈춤은 아닐까요, 문득 그런 생각이 드는 저녁입니다.

스페인 동쪽 끝에서 걷기 시작한 지 30일 만에 이른 길 표지판

## 성취감을 맛보려면

산티아고 길에선 은퇴자가 많다. 젊은이보다 더 자주 만난다. 직장에서 물러났건 양육 노동에서 떠났건 나이 든 사람들로 북적인다. 그들이 왜 이곳을 찾아 무거운 배낭을 메고 쉼 없이 걷는 이유가 개인마다 다르니 정확하게 알 수는 없다. 하지만 한 가지는 추정해 볼 수 있다.

그들은 아직도 활동하고 싶은 것이다. 직장에서 은퇴한 뒷방 노인네로만 살기는 싫다. 무언가 할 일을 찾아서 하고 싶은 욕구가 아직 남아 있다는 얘기다. 그러나 현실은 그들을 받아주는 데가 거의 없다. 노령 인구는 늘지만 그에 맞는 일자리는 어느 나라나 부족한 게 숨길 수 없는 사실이다.

걷는 것도 일이다. 일이긴 하지만 누구에게 이 업무에 대해 간섭받거나 확인받을 건 아니다. 혼자 갈 곳을 정하고 짐을 꾸려 걸으면 된다. 각자 컨디션에 따라 매일 전진해 나가고 마침내 목표한 곳에 도달하면 감격해 눈물을 흘리거나 광장 바닥에 주저앉는다. 무언가를 그는 이룬 것이다.

학습자에게 필요한 욕구가 성취동기다. 성취할 목표가 뚜렷할 때 더욱 열심히 학업에 매진할 수 있다. 은퇴자에게도 이런 성취동기가 필요하다. 그들이 일하고 싶은 것은 단순하게 금전 욕구만이 아니다. 아직 살아 있다는 걸 확인하고 싶고 이 사회에 필요한 존재임을 증명하고 싶어 한다.

왜 은퇴자들이 전원 생활하며 농사짓고 싶어 하는가. 자신이 투여한 작물에서 성과물을 수확하며 나름의 성취감을 맛보려 하기 때문이다. 그렇지만 현실은 누구나 이런 욕구를 채울 수 있게 하는 건 아니다. 그들은 무엇인가 자신을 활용하고 싶지만 막상 할 게 만만치 않다. 그래서 이 길에 나선다.

하루에 걷는 만큼 그는 성취한 것이다. 또 내일 성취할 목표가 있다. 한 달여 기간이지만 걷는 동안에는 자신이 살아 활동하는 것을 느낀다. 길에서 서로 응원하고 숙소에서 그날 업무인 걷기를 이야기한다. 은퇴한 이후 맛보는 아주 달콤한 성취감이 아닐 텐가.

흐르는 시간은 인간의 통제 밖이다. 컴퓨터 등장으로 업무 시간을 놀랍게 단축한 것은 맞지만 시간 자체를 마음대로 다룰 수는 없다. 대신 공간은 이에 비해 인간 통제권에 속한다. 교통 기관 발달은 공간 이동 자유를 신장시켰다. 가장 원초적인 공간 이동은 보행이다. 생명체의 본능적 욕구이기도 하지만 스스로 통제하면서 충족시킬 수 있는 유용한 방법이다.

산티아고 길을 걷는 일은 은퇴자에게 성취 욕구를 채워주고 공간 이동의 본능을 실현할 수 있는 곳이다. 나날이 똑같은 무료한 은퇴자에게 이

만한 좋은 곳을 쉽게 찾을 수 있는가. 시간을 내고 비용을 마련해서 여기 먼 나라까지 찾아오는 이유다. 성취감을 맛보려 하는 은퇴자에게 맞춤한 색다른 일자리가 아니겠는가.

먼동 틀 무렵

## 묵시아 가는 길

만만하지 않다. 험난하다. 묵시아(Muxia) 가는 길이. 어제는 산티아고 입성이 목표였다. 오전에 도착해 인증서도 받고 기념사진도 찍었다. 일행이 갑자기 늘어 6명이 되었다. 그들도 묵시아로 함께 가자고 따라나섰다. 계획이 없던 그들이 합류해 산티아고 떠나는 시간이 늦었다.

오후 두 시가 훨씬 지나 묵시아로 향했다. 그중 폴란드 젊은이들은 피스테라로 가겠다고 첫 번째 만난 알베르게 입구에서 헤어졌다. 산티아고를 벗어나 한두 시간여쯤 걸어온 뒤였다. 장과 나, 필리피노 캐나다인 셋은 모두 60세가 지난 나이라 젊은 패들을 따라 더 가기는 역부족이었다.

오늘은 간밤에 내리던 비가 아침에도 그치지 않았다. 이제 정말 묵시아로 가는 발길이 출발부터 젖는다. 산티아고 입성한 후에 이 묵시아행은 본편인 산티아고 순례길의 부록인 셈. 느긋한 마음으로 남은 시간과 체력으로 기획한 것, 예상 밖 현장 상황형 행사다. 서로 그런 마음으로 나선 길이다.

심신은 준비되었으나 땅과 하늘은 돕지 않는다. 천지인天地人 삼재三才 중에서 사람만 준비한 터. 이 묵시아 가는 길은 90여 킬로미터가 되지 않는다. 3~4일 정도 걸을 거리다. 많은 사람이 찾지도 않는다. 길도 오르막 산길이 많고 길다. 알베르게나 카페 등 관련 시설도 드문드문 있다. 땅이 돕지 않는 형국이다.

하늘은 또 어떤가. 산티아고를 떠난 어제는 하늘이 맑게 개어서 우리 부록 여정을 축복해 주는 줄 알았다. 산티아고 발밑을 지날 때 비가 간헐적으로 오락가락했다. 그리고 그만 심술을 멈춰주길 기대했다. 야속하게도 밤부터 내린 비가 계속 이어졌다. 그나마 바람이 심하게 불지 않아서 우산 쓰고 걸을 만했다.

두 번째 고갯길인 페냐(Penya)에 이르러선 정말 주저앉고 싶었다. 그곳 알베르게가 마음에 들지 않았다. 다시 남은 힘을 짜내 배낭에 욱여넣고 발바닥에 시동을 걸었다. 대략 4킬로미터쯤 한 시간여 걸어 내려오니 전통 가옥형 알베르게가 우리를 맞아주었다. 이미 여러 사람이 들어와 있었다. 장작불까지 피워 비에 젖은 우리를 환영했다. 그렇게 묵시아 가는 길이 다가왔다.

## 잘 걷는 법

잘 걷는 법이 따로 있는가. 있기도 하고 없기도 하다고 말할 수 있으리라. 잘 걷는 법에 관한 별다른 이론이 있을 수 없으니 경험으로 몇 가지는 말할 수 있겠다. 체험에서 우러난 나만의 걷기 방법이니 허튼소리로 생각지 말고 들어주면 좋겠다.

잘 걷는 나만의 기준은 오래 멀리 걷는 것을 뜻한다. 특히 산티아고 길은 멀고 여러 날을 걸어야 한다. 이 때문에 여기에 맞는 걷는 방법을 가리킨다고 보면 된다. 하여튼 잘 걸어서 산티아고 순례길을 마치고 또 묵시아까지 가고 있지 않은가.

걷는 것은 많은 경험을 쌓았다. 지방 농촌 출신이라 국민학교가 집에서 멀었다. 그래 봐도 한 3~4킬로미터가량 되었을 테지만 체구도 작은데 짧은 다리로 걸어 다니는 건 쉽지 않았을 것이다. 3학년 때 서울로 이사 왔어도 도보 통학하는 것은 초등, 중고교까지 이어졌고 심지어 대학도 얼마간 거리는 걸어 다녔다.

젊은 시절엔 많은 사람이 산으로 몰렸다. 여가 보낼 데가 별달리 없었다. 친구와 어울려 자주 서울 근교 산에 올라서 다리 힘을 지속해 유지했고 이런 연유로 어디서든 길에선 앞에서 걸었다. 추월해서 걸었지 남에게 앞길을 내준 적은 별로 없었다.

 잘 걷기 첫째는 몸에서 힘을 빼는 일이다. 모든 운동의 기본이기도 한 힘 빼기는 걷기에서도 예외가 아니다. 보폭은 줄이고 팔도 작게 흔들며 가볍게 발을 딛는다. 뒤꿈치부터 땅과 접촉한다. 오금은 가능한 한 쭉 펴고 걷는 자기만의 리듬을 찾아 걸어야 한다. 자주 걷다 보면 누구나 각자 보행 리듬을 찾을 수 있다.

 잘 걷기 둘째는 배낭 무게가 적당해야 한다. 체중의 10~15%를 넘기면 오래 걷는데 많이 힘들다. 산티아고 길에서 보면 뜻밖에 무거운 배낭 때문에 뒤뚱거리며 걷는 걸 자주 본다. 욕심을 줄이고 무게를 조금만 줄이면 훨씬 적은 힘으로 오래 걸을 수 있다.

 잘 걷기 셋째는 오르막과 내리막 걷기 차이를 알고 걸어야 한다. 오르막에선 보폭과 속도를 줄이고 몸을 숙이고 시선은 가까이 둔다. 내리막에선 오르막과 모두 반대로 한다. 이런 기준은 호흡이 가쁘지 않을 정도이고 경사도에 따라 다르다. 다리 힘이 딸려 못 걷는 것보다 호흡이 딸려 못 걷는 경우가 훨씬 더 많기 때문이다.

 잘 걷기 넷째는 오버페이스 하지 않는 것이다. 무슨 일이든 각자 분수를 넘기면 실패하거나 힘들기 마련이다. 앞에서 가려거나 빨리 걸으려고 자칫 페이스를 잃으면 중간에 주저앉기 쉽다. 인생도 마찬가지고 걷기도 자기 역량에 맞추는 게 힘들지만 중요하다. 누구든 이 모든 것 갖추어 걷고 싶을 만큼 잘 걷기 바란다.

## 감자전과 막걸리

오늘도 험난했다. 묵시아 가는 길이 그리 호락호락하지 않다. 어제는 숙소에 도착한 뒤 해가 얼굴을 내밀기도 해 오늘은 수월할 것 같았다. 그렇지 않았다. 잠잠하던 하늘이 우리가 문을 열고 나오자 기다렸다는 듯이 빗방울을 날렸다. 그 뒤로 올베이로아 알베르게에 배낭을 내려놓을 때까지도 비바람은 멈출 생각을 하지 않았다.

비바람 속을 걸으며 가장 간절하게 생각나는 것은 감자전과 막걸리였다. 날만 흐려도 먹고 싶은 것이 감자전인데 오늘처럼 커피와 빵 한 조각만으로 채운 배는 더욱 절실했다. 누가 감자전 한 접시와 막걸리 한 사발을 준다면 영혼이라도 팔 수 있겠다 싶었다. 감자전의 구수한 냄새가 그립기 한이 없었다.

가끔 보이는 한글 안내판을 보면서 한국 힘을 느꼈고 한류의 확장을 확인했었다. 하지만 오늘 길을 걸으면서 생각한 것은 아직 모두 멀었다는 생각이다. 이 산티아고 길에서도 감자전과 막걸리를, 김치찌개와 소주를 하루에 한 번 정도 먹을 수 있으려면 무척 긴 시간을 기다려야 할 것이다. 아무 카페에서 언제라도 마실 수 있는 아메리카노 커피처럼 되려면 말이다.

묵시아 가는 길이 만만치 않게 다가오다 보니 공상을 넘어 망상에 빠진 하루 걸음이었다. 집을 떠나봐야 부모 형제의 소중함을 알듯 고국을 벗어나서야 내가 사는 나라의 모든 것이 그립게 변한다. 비바람 몰아치는 막막한 길 위에서 오죽했으면 감자전과 막걸리를 떠올렸으랴. 그래도 우리는 내일 묵시아에 도착한다.

## 묵시아에 와 보니

드디어 묵시아다. 비바람 몰아치며 힘들게 하던 하늘이 7㎞ 앞에서 마음을 열었다. 갑자기 하늘에 구름이 걷히더니 푸른 바다를 눈앞에 선사했다. 신천지가 그야말로 갑자기 나타났다. 일행은 휴대폰 카메라로 풍광을 담기 바빴다.

묵시아는 자그만 해안 마을이었다. 돌아보는데 몇십 분이면 충분할 정도였다. 우리는 바로 무니시팔(Municipal) 알베르게를 찾아 비바람에 상처 난 마음을 내려놓았다. 넓고 큰 건물에 우리 셋을 포함해 여섯이 전부였다. 갈리시아 주방 그대로였다. 발열 판과 전자레인지만 우리를 맞이했다.

힘들게 찾아온 것치고 대접이 너무 소홀했다. 오라고 초청한 게 아니고 자청해 왔으니 우리도 할 말은 없었다. 있는 그대로 받아들이기로 했다. 근처 에로스키(Eroski)에서 데워 먹을 수 있는 걸 사다 저녁 식사를 해결했다. 얼마 안 지나 진짜 묵시아를 보여주었다. 그건 폭풍우였다. 겁나게 몰아댔다. 내일이 걱정이었다.

예상은 빗나가도 되련만 그대로 적중했다. 밤새 창문을 덜컹이며 위세를 과시하던 묵시아 폭풍우는 새벽을 지나 아침에도 멈출 마음마저 멀리 휴가를 보낸 듯했다. 우리는 오늘 피니스테레(Finistere)까지 마지막 걷기를 포기했다. 아쉽지만 택시나 버스로 마지막 여정을 마무리 짓기로 했다. 묵시아는 결코 우리에게 끝내 만만하지 않았다.

묵시아에서 바라본 대서양

# 6부_뉴욕 로또

취중 미입국
어쩌다 미국 로드트립
음주를 허하라
우리나라 좋은 나라
브라이언트 파크에서 점심을
뉴욕 로또
뉴욕 베슬은 왜 8층?
트럼프처럼 산다면
뉴욕 맨해튼 드라이버
햇반과 컵라면
삼시 세끼
김밥과 샌드위치
야구와 미국인

## 취중 미입국

입국 심사대 앞에 긴 줄이 늘어섰다. 몇 되지 않는 미국 시민은 여러 줄에 나누어 섰는데, 방문객은 그보다 반도 안 되는 줄에 줄줄이 사탕 꿰미처럼 촘촘하게 붙어 목을 빼고 앞사람 등만 바라봤다. 비행기에서 내릴 때도 취기가 남았는데 두 시간쯤 서 있자니 낯빛이 돌아왔다. 하마터면 취한 눈으로 심사대 앞에 설 뻔했다.

항공기가 뉴욕 JFK공항에 착륙했다. 13시간 동안 대형 메뚜기 모양인 기내에 갇혀 있었다. 푸드덕거리는 날개 아래서 벗어나기 두어 시간 전에 두 번째 식사. 새우 볶음밥에 화이트와인을 곁들여 목 안으로 넘겨 보냈다. 옆의 동반자가 위스키를 주문해 나에게 건넸다. 미국에 함께 도착한 축하의 뜻이렷다.

헤아려 보니 10년 훨씬 전에 아내와 이곳에 왔었다. 다시 찾아온 미국 땅은 출발부터 진을 뺐다. 그때 어떤 과정을 거쳤는지 기억은 사라졌다. 패키지여행으로 온 거라 아마도 오늘보다 수월했으리라. 벽면에는 '웰컴 투 뉴욕 시티'라고 써 놓고 있지만 어째 방문자 대접이 마음에 들지 않는다.

지난 사이에 많은 게 달라졌다. 현업에서 은퇴했고 지구촌이 한바탕 뒤집어진 코로나 팬데믹도 겪었다. 체력도 떨어지고 얼굴 주름도 늘고 또 깊어졌다. 산티아고 순례길을 두 번 걸었고 수필집을 여러 권 펴냈다. 자동차 여행하려고 또 온 만큼 정신을 바짝 차려야 하는데 시작부터 취중 입국은 안 될 일이다.

뉴욕공항1번 터미널에서 픽업 차를 기다리며

## 어쩌다 미국 로드트립

어쩌다 여기까지 왔나? 미국 뉴욕 한인 민박집에서 첫날밤. 여기서 일주일 묵고 마이애미로 자동차 몰고 떠나간다. 지난 이야기를 하자면 짧지 않다. 작년 봄에 넷이 천안으로 가고 있었다. 이런저런 대화가 오가다 느닷없이 내가 물었다. '미대륙 자동차 횡단 여행할 생각이 있는 사람 있는가?' 환호작약했다. 버킷리스트였다며, 지뢰를 밟아 건드리면 바로 터질 것 같은 듯 함성이 차 안에 울려 퍼졌다.

시초는 그랬다. 그날로부터 넷은 함께 그렇게 하기로 하면서 내년 봄에 가자고 대략 시기도 정했다. 시작은 창대하였지만 둘은 포기하고 둘만 여기에 와 있다. 저녁 식탁에서 맥주 거품을 입가에 묻히며 약간 아쉬운 채 민박 아파트 창밖 서늘해져 가는 햇살을 바라본다. 그보다 먼저 우연히 유튜브에서 자동차 여행을 검색하다 미국 로드트립을 보게 되었다. 어, 저거 봐라. 나도 저렇게 하면 어떨까. 판도라 상자를 불쑥 열어본 듯 뭉게뭉게 욕망이 피어올랐다.

그들이 그렇게 나올 줄은 정말 몰랐다. 가라앉은 차 안 분위기를 바꾸려고 가볍게 낚싯줄을 툭 던진 거였다. 대어 세 마리가 한 번에 미끼도 없는 바늘을 덥석 물 줄, 어쩔 수 없이 줄을 건져 올리게 되었다. 헤밍웨이의 《노인과 바다》 산티아고처럼 전신 힘으로 청새치와 씨름할 필요가 없었다. 그냥 보트 안으로 풀썩 자기들이 날아 들어온 셈. 왜 셋은 하나같이 합창하듯 망설임 없이 그 생각에 동의하였을까. 목적지에 다다를 때까지 달라지는 창밖 풍경을 바라보며 못내 궁금했다.

현직에 있을 때 동료들에게 미국 자동차 횡단 얘기를 들어본 적은 있다. 그때는 그런 게 있구나 하고 귓등으로 흘리고 말았다. 보통 연구 교수 기간에 그 동네로 많이 갔다. 그중 좀 젊고 의욕이 넘치는 일부가 실행했다는 얘기가 동네 소문처럼 나돌았다. 퇴직한 지 여러 해 지난 대학 동기들도 이미 흘러 가버린 망상에 불과한 것을 이제 와 하고 싶다니? 그럼, 너는 무엇 때문에 뜬금없이 미국 종 횡단 로드트립에 나섰는지 대답할 수 있는지? 또 그 목표 한 줌이라도 밝힐 수 있는지 되묻고 싶다.

그냥 달려보는 거다. 좁은 땅 한국에선 쉬지 않으면 하루에 땅끝까지 다녀올 수도 있다. 아시아 대륙 한쪽 모퉁이에 매달린 이 땅, 그마저도 반 토막 나고 아시아 대륙으로 나갈 길이 막힌 곳. 자동차를 몰아보기 시작한 지 대략 한 세대를 넘긴 지금, 한 번쯤 원 없이 달려보고 싶지 않았던가. 스피드는 90년대 말쯤 독일 아우토반에서 잠시 흉내 내 본 적은 있지만 달리고 달려보지는 못 했다. 북한산 둘레길도 하루 이틀이면 한 바퀴 도는데, 한 달간 걸어볼 수 있는 산티아고 순례길을 두 번씩이나 갔지만 차로 마냥 달릴 수 있는 곳이 있다면? 생각만으로도 짜릿했다.

퇴직하고 본격으로 매달린 것이 또 있다. 특출나지도 않으면서 손 놓지 못하는 것. 일상을 글로 기록하고 나름대로 의미를 매기는 일, 수필 쓰기. 그동안 흘려보낸 인생도 대충 정리했고 나날이 사는 모양새도 얼마큼 끄적여 보았다. 제주도 올레길을, 동해안 해파랑길을, 스페인 산티아고 순례길을 걸으며 미풍이듯 불어오는 사념 부스러기 따위를 그러모으기도 했다. 지금껏 해보지 못한 걸 시도한다면 글이 조금 나아질까. 이쯤이 이 길에 나선 이유라고 해두자.

# 음주를 허하라

딱 한 모금. 이럴 때 생각나는데 어쩔 수 없네. 햇살이 바람을 희롱하고 진초록 나뭇잎은 저절로 즐거워하건만, 한 잔이 없다. 숙소에서 가져온 도시락을 잔디밭에 펼쳐놓는다. 정말 이 자리에서 맥주 한 캔만 마실 수 있다면 영혼은 아닐지라도 갬블러처럼 오늘 하루 다 걸고 싶은데 방법이 없네.

뉴욕 한가운데 센트럴파크에서 아쉬운 욕구를 눌러 담는다. 하얀 쌀밥 한술 뜨고 김치 냄새에 달려드는 공기를 흠뻑 발라서 입안에 털어 넣는다. 센트럴파크 남쪽 출입구에서 북쪽으로 걸어 다니던 중 사람이 뜸한 곳 비닐 돗자리에 앉아 점심을 먹는다. 밥맛이 달다고 할밖에 달리 할 말이 없다.

햇살을 온몸에 덮어쓰고 지치도록 푸르른 엽록소 친구와 대화하며 걷고 난 뒤라 밥맛이 혀에 감겨든다. 아, 또 생각난다. 갈증을 달래 줄 그 무엇! 산천을 유람할 때 어찌 술친구가 빠질 수 있는가. 이태백이 아니어도 이런 곳에서 술맛을 누구인들 모를 수 있는가. 그런데 그럴 수 없다니.

미국은 공공장소에서 음주를 허용하지 않는단다. 특히 여기 센트럴파크는 언감생심이다. 동행한 이 교장이 여러 번 강조하니 출발할 때 배낭에 맥주 한 캔을 담을 수 없다. 차마 속임수를 쓰면서까지 주류 반입할 엄두를 내지 못하겠다. 아무리 무명작가라도 한국 문사 체면에 그건 안 된다.

조선조 정철의 〈장진주사〉 권주가는 부르지 못해도 우리네 선비는 산수 유람할 때는 늘 곡차를 동반한다. 이 카우보이 패들은 어찌 이 아름다운 풍류를 모르는가. 사방으로 치솟은 빌딩 한가운데 이토록 놀랍게 펼쳐놓은 초록 세계에 주酒 서방 출입을 금지할 생각을 했다니, 어찌 안타깝지 않은가.

지난번 뉴욕에 왔을 때 여기에 잠깐 점만 찍고 갔다. 지나치듯 흘깃거리며 훔쳐본 잔디밭 위 평화와 자유를, 이번에 뉴욕을 다시 방문하면서 일 순위가 센트럴파크에서 흠뻑 취해보기였다. 진짜 취흥을 즐기지 못한다니. 어이, 이 친구들아~ 어찌 풍류를 모르는가. 센트럴파크에서는 꼭 음주를 허하라!

# 우리나라 좋은 나라

지하철 창밖을 보려 눈알에 힘을 준다. 안내 방송을 하지만 그건 알아들을 수 없다. 눈으로 확인하고 내리는 밖에. 안 그러면 뉴욕 도시 한 가운데 미아가 되는 건 정해진 답이다. 이번에 탄 지하철엔 방송뿐 자막을 띄우는 스크린이 없다. 브루클린 브릿지를 걸어보고 돌아오는 길에서 그랬다.

좌석에 앉아봐도 앞자리 사이와 폭이 좁아 보인다. 우리나라의 7명쯤 앉을 수 있는 자리와 달리 뉴욕 지하철은 6명 정도 허용한다. 땅은 넓어도 지하철 칸은 늘릴 수 없나 보다. 하긴 백여 년이 넘었다는 뉴욕 지하철! 하지만 어제와 오늘 이틀을 타고 보니 우리나라 것보다 못한 게 한둘이 아니나. 불편하다.

환승하려면 좁은 계단을 걸어 내려가야 하는 것은 그렇다고 치자. 물론 에스컬레이터와 엘리베이터가 없는 건 아니지만 그건 드문드문 있다. 심지어는 지하도 안에서 갈아타지 못하고 밖으로 나가 다른 입구를 찾아가야 한다. 환승할 수 있는 노선이 엄청 많기는 하지만, 안에서 해결하던 나에겐 꽤 번거롭기만 하다.

좌석에 앉거나 서 있어도 흔들림이 심한 건 마찬가지다. 비교하자면 우리네 것과 달리 요동치는 수준이라면 조금 심한 표현일까. 앞뒤로도 그렇고 좌우도 역시 그러하다. 서 있으면 손잡이를 잡지 않고는 불안하다. 하기야 그런 곳에서 책 보는 사람도 있는 걸 보면 괜한 트집일지 모르겠다.

오랜 역사를 자랑하고 싶겠지만 우리네와 비교할 수 없을 정도로 낡았다. 전보다 훨씬 좋아진 것이란 현지 교민이 전하는 걸 보면 그때는 어느 정도였다는 것일까 상상하기 어렵다. 얼른 이곳을 떠나는 게 상책이지만 관광객에겐 편리한 이동 수단이라 이마저도 자유롭지 않다. 한국 지하철이 그립다.

우리나라에 불만이 적지 않아도 외국에 나와 보니 좋은 게 여럿이다. 집을 떠나봐야 가족이 좋고 그리운 것은 말할 나위 없지만 나라 사랑도 한층 더 깊어지는 게 아닌지 모르겠다. 아무리 뉴욕 빌딩 숲 중앙에 진짜 부러운 센트럴파크가 있어도 우리나라가 나는 더 좋기만 하다.

## 브라이언트 파크에서 점심을

큼큼하고 들큼한 냄새가 퍼진다. 햇살 유혹으로 스르륵 퍼지는 대기가 공원 여기저기로 향내를 운반한다. 샐러드에 오일을 듬뿍 부어 휘젓는다. 베이글 빵 한 줌 뜯어 물고 샐러드에 쌈장을 푹 찍어 바른다. 오물오물 씹을 때마다 입안에선 서양과 한국이 화음의 노래를 외친다. 동서 교류를 뱃속에서 저절로 완성한다.

〈티파니에서 아침을〉이란 영화를 기억하시는가. 오드리 헵번의 청순과 발칙, 뉴욕 맨해튼의 보석 상점 티파니를. 거기에서 멀지 않은 곳에 브라이언트 파크(Bryant Park)가 있다. 지금 이곳에서 소박한 밥상을 마주한다. 늙수그레한 한국 사내 둘이 배낭 속에서 무언가 꺼내 펼쳐놓고 우적우적 씹어대며 먹는 장면과 영화를 오버랩시켜 보시라.

공원 여기저기엔 햄버거나 샌드위치를 들고 먹을 자리를 찾는 신사 숙녀들이 보인다. 이곳은 뉴요커나 나그네가 값싸고 시원한 점심상을 차릴 수 있는 곳. 음수대도 있고 화장실도 갖춘 곳. 나무 그늘과 화단이 있어 자연을 더불어 식탁에 초대할 수 있는 곳, 바로 뉴욕 맨해튼 5 애비뉴 42 스트리트 가까이 브라이언트 공원이 있다.

뉴욕은 센트럴파크가 대표하듯 인공과 자연이 대화를 스스럼없이 나누고 사는 곳, 누가 무슨 짓을 해도 뭐라 안 하고 허용하는 것처럼 보인다. 그들만의 규칙과 배려, 개인과 공중이 느슨하나 서로 어울려 자유와 평화를 누리는 삶. 공원 한구석에서 허름한 한 끼를 맛나게 먹으며 이곳과 그들을 잠시 부러워한다.

브라이언트 파크에서 점심

# 뉴욕 로또

차를 세운다. 각자 2달러씩을 내민다. 문을 열고 나가더니 돌아와 한 장씩을 나눠준다. 뉴욕 로또다. 오늘 밤에 당첨 여부를 알 수 있단다. 만약 다섯 중에 누구라도 행운을 만나면 동률 분배하기로 웃으면서 약속한다. 미국에서 로또를 사다니 어찌 이런 일이! 정말로 이게 현실이 된다면, 잠시 공상에 빠진다.

로또를 사자고 우리를 꼬드긴 분은 이곳 한인. 지금 운전하면서 관광객이 거의 가볼 수 없는 곳으로 인도 중이다. 미국 독립 전쟁 유적지인 포트 리(Fort Lee)에 들리고 7개 호수가 몰린 뉴저지 한 곳 피크닉 장에 차를 세운다. 호숫가 옆 나지막한 언덕에 음수대, 벤치와 탁자, 바비큐 시설을 갖춘 곳. 수면을 활공한 바람은 눈웃음을 흘리며 옷섶으로 파고들어 안긴다.

커다란 뿔테 안경 사내는 기타 선율에 맞추어 청량한 호수 바람을 눈 앞에서 풀어 놓는다. 그는 민박 숙소에서 만난 84년 MBC 대학가요제 출신 가수 '기현수'다. 우리보다 이틀 늦게 '아트인 뉴욕 민박'에 왔다. 아침부터 늦도록 수고한 '이상조' 목사가 목회하는 뉴저지 팰팍 한인 교회에서 일요일 콘서트를 위해 준비 중이다.

　로또를 산 것은 일생 세 번뿐이다. 한국에 처음 나왔을 때, 일본에서 동반 관광객 꼬임에 넘어가 또, 그리고 여기서. 혹시 했으나 역시 인연이 없었다. 이번만은 왠지 욕심을 품고 싶다. 아마도 마지막 로또가 아닐까 싶어서. 스스로 노력하지 않고 얻는 횡재를 바라지 않는다. 결코 그런 일은 해피엔딩이 아닌 걸 자주 보아 왔기 때문이다. 그런데 미국 땅에선 혹⋯.

　그래 맞다. 희망의 나라, 미국에서 로또 맞은 게 확실하다. 오늘 밤 발표를 확인할 필요가 없다. 이미 난 로또 맞은 현장에 있지 않은가. 지금 라이브 공연장에서 일렬 직관 중이 아닌가 말이다. 크리스천 가수로 광주에서 맹렬 활약 중인 분의 노래를 듣고 있는 중. 동행한 네 명을 위해서만 열창하는 노래가 교회 친교장을 울리며 귓속 달팽이관을 타고 넘어 심장으로 직진한다.

　공항에서 숙소로 가기 위해 고심 중인데 이 교장 전화벨이 울렸고, 이 목사가 픽업하러 나온 것. 차내에서 인사하면서부터 미국 로또가 터지기 시작한 셈. 내일 우리 숙소에 묵을 분 또한 뉴욕 타임스에 여러 번 소개된 재미 화가 '한규남' 화백. 이분들을 만나 자동차 여행의 물꼬를 하나씩 열어 가고 있으니 어찌 미국 로또를 맞은 게 아닌가 말이다.

# 뉴욕 베슬은 왜 8층?

 연갈색 구조물이 빌딩 사이에 솟아 있다. 우선 원경으로 사진을 박는다. 바라만 보거나 둘러볼 수만 있되, 그 안에 들어갈 수 없다. 전에는 입장했다고 하는데 지금은 출입 금지라 아쉽다. 발길을 돌려 그 옆의 특이한 건물인 '더 쉬드(The Shed)'를 돌아보고 하이라인으로 걸음을 옮긴다.

 하이라인을 걷다가 왜 베슬(Vessel)은 8층으로 만들었을까 생각해 본다. 서양인도 주역 8괘를 아는 걸까. 우연인지 의도한 건지 궁금하다. 위키백과에는 16층이라 하는데, 내가 보기에 분명 8층으로 보인다. 8이란 짝수에 의미가 깊을 거라는 생각에 머물면서 좀 더 깊이 들어가본다.

 서양 건축물을 보면 좌우 대칭이 대부분이다. 사각형 건물인 경우엔 거의 예외가 없다. 지붕을 바치는 기둥이나 아니면 공간 구획이 그렇다. 구조물의 안정성을 위해 그렇게 축조한 것으로 생각한다. 미적 감각이 작용한 것일 수도 있다. 어찌 되었든 대칭으로 보인다.

 글을 쓰면서 문장 구성과 전체 구조를 건축물과 대비하여 생각을 정리해 적용한다. 말하자면 글도 건축물과 같은 대칭 구조를 이룰 때 안정감을 확보할 수 있다는 생각이다. 즉 최소한의 글이 내용과 형식의 균형을 맞추어 조화로우려면 4문단이 기본이되 그것의 짝수 증가, 6, 8, 10, 12… 등등이 바람직하다.

이 대칭성은 동양 사상의 기저인 주역의 음양 대비와 여기서 2배수로 분화하며 36괘, 108배 등으로 확장해 다방 면에서 적용된다. 이는 문학 장르 구조에서도 나타난다. 서양 성경 시편도 대칭성(Parallelism)이 바탕이고 동양 한시도 기승전결 4행이 출발점이다.

8층 구조물인 베슬을 바라보며 인생 4단계인 생로병사를 떠올린다. 각 단계 간 개인과 시간 차이는 있을지라도 그 누구도 피해갈 수 없다. 나는 이 중에서 2단계인 '노'에 진입해 있다. 앞으로 '병'과 '사' 단계는 언젠가 오겠지만, 베슬을 바라보면서 더 늦게 맞이하길 마음속으로 빌어 본다.

## 트럼프처럼 산다면

트럼프 빌딩 현관을 지나니 오른쪽 코너에서 줄지어 사진을 찍는다. 동행과 나도 그 줄에 선다. 미합중국 제45대 대통령 도널드 트럼프를 표시한 동판이 마주 보는 벽에 있고, 오른편엔 성조기가 줄을 짓는다. 전 세계 뉴스메이커인 그가 뉴욕에 소유한 빌딩이다. 지하층에 있는 상점엔 그와 관련된 상품이 그득하다. 그곳을 둘러보던 이 교장은 25달러짜리 모자를 만지작거리다 돌아 나와 레스트룸으로 향한다. 그 뒤를 따른다.

레스트룸으로 향하는 길 양쪽 벽면이 금빛 대리석으로 호화롭게 번쩍인다. 지금껏 사용한 어느 곳에서도 그렇지 못했다. 여기와는 천양지차다. 배설하는 공간이 이러면 이곳 상층부 호텔 침실은 어떨지 자못 궁금하다. 길거리 내방객으로선 2층까지 둘러보다가 기껏 레스트룸에서 뱃속 근심을 해결하는 게 전부이지만 눈에 보이는 곳곳이 휘황찬란하다. 아마도 비슷하겠지만 이런 트럼프 소유 빌딩이 전 세계에 한둘이 아니란 게 또 놀랍다.

미국 대통령을 지냈고 한 번 더 할지도 모르는 지금, 그처럼 산다면 어떨까 하는 생각이 볼일을 보는데 문득 떠오른다. 최고 권력자로 한때 살앉고 측정하기 어려운 부를 축적했으며 수많은 미녀와 로맨스(?)를 즐긴 트럼프. 이 중 하나도 갖기 어려운데 셋을 동시에 누리고 산다니 보통 사내라면 도널드가 진정 부럽기 한량없다. 나 또한 그런 부류임을 어찌 부인할 수 있는가. 트럼프 빌딩 해우소를 나서면서 잠시라도 그처럼 살아볼 수 있다면 ~면, ~면, ~면?

빌딩 출입구를 나서자 뉴욕 하늘에서 햇살 한 줄기 이마에 내리꽂힌다. 바라보기 목 아프도록 치솟은 빌딩 사이로 뭉게구름 한 덩이가 알라딘 요술램프 '지니'로 보인다. 실내에서 갑자기 햇살을 맞이해 일어난 환상인가. '지니'가 다가와 속삭인다. 만일 트럼프처럼 살게 해 준다면 너는 나에게 무얼 해 줄 수 있니? 그렇다면, 그렇다면… 순간 눈앞이 안 보인다. 앞서다 돌아보는 여인의 미소가 곱다. 마주 바라보곤 슬쩍 인파 속에 뒤섞인다.

트럼프 빌딩 현관에서

## 뉴욕 맨해튼 드라이버

횡단보도 앞 신호등이 바뀐다. 푸른색이 노래지더니 빨간 불. 급히 차를 정지시킨다. 오늘은 뉴욕 맨해튼 드라이버다. 어쩌다 미국 로드트립 중인데, 또 어쩌다 맨해튼 브로드웨이를 달리고 있는 운전기사. 예정에 없었다. 이 교장 돌발 아이디어로 갑작스러운 변환, 5일간 걷기만 했던 도로를 차로 달린다.

세 번씩이나 들려 뉴요커들과 일광욕까지 흉내 내본 센트럴파크를 차창으로 내다본다. 계단 의자에 앉아 여기저기 눈알을 굴리던 타임스퀘어도 지나간다. 밀려드는 인파에 섞여 두리번거리며 걸었던 그곳, 어찌 차를 몰며 지나가리라 꿈조차도 꾸지 못했던 이곳. 사이드미러를 흘깃 보며 핸들을 미끄러지듯 돌린다.

렌터카를 인수하러 가는 길에 그가 말했다. 우리, 차를 받으면 맨해튼 한 바퀴를 돌자고. 아니 이게 무슨 말인가. 처음 미국 땅에서 운전하는 일로, 오늘 목적지에 어떻게 갈지, 설레고 기대하는 맛이 마치 40년 전 결혼식 때가 떠오를 만큼 긴장감 도는데…. 네 바퀴를 굴린 햇수는 이미 30년을 훌쩍 넘었지만 자다가 얻어먹는 시루떡은 아니지 않은가.

진짜 다르다. 거리를 쏘다니며 올려다본 맨해튼 하늘과 빌딩들, 차창 밖으로 지나가며 흘깃거린 풍경은 차이가 크다. 옆 좌석 이 교장은 마치 한국형 트럼프나 된 듯 느긋이 즐기는 중. 낡고 비좁아 불편한 지하철을 갈아타고 다니며 땀 흘려 걷던 거리를 자동차 좌석 쿠션에 기대어 다시 보는 기분은 어떨지 묻지 않아도 이심전심으로 알 만하다.

들어가 보지 못한 구겐하임 미술관도 겉모양만이라도 지나며 본다. 자연사 박물관, 메트로폴리탄 미술관도 차창 옆으로 지나간다. 유니온 광장도 지난다. 맨해튼 중심가, 지하철역과 가까운 곳 위주로 다녔는데 오늘은 그 뒤쪽 나지막한 빌딩 사잇길을 볼 수 있다. 발바닥으로 느껴보는 짜릿함은 없어도 창 너머 보이는 뉴욕 맨해튼은 맨해튼, 여행자 기분이야 어디로 달아날 리 있는가.

귀국하면 혹시 경력 칸에 뉴욕 맨해튼 운전, 이라고 한 줄 넣어볼까. 기껏 한 시간 정도 몰아본 것이지만 왠지 떠벌리며 자랑하고 싶은 이 속물! 집에서 새는 바가지 밖에 나가서도 샌다는데, 꼭 그 꼴 아닌가. 정신 줄 바짝 붙들고 렌터카 반납할 때까지 버텨야 한다고 다짐 또 다짐하며 맨해튼을 벗어난다. 안녕, 뉴욕! 때맞추어 빗줄기가 앞 창문을 때린다. 액셀을 꾹 밟는다.

# 햇반과 컵라면

데운 햇반 비닐 덮개 연다. 항공 운송한 반찬을 꺼낸다. 저녁 식사 시작. 도로 옆 허름한 모텔 퀴퀴한 냄새와 김치 향이 뒤섞인다. 뱃속 어디쯤인가 미국산 위스키와 양국 간 음식물끼리 악수는 별달리 문제는 없으리라.

뉴욕 거리를 활보하면서도 보온병과 컵라면 든 배낭은 한 몸이었다. 센트럴파크 잔디밭은 이국 맛 풍기는 천연 식탁. 빌딩 사이 돌며 뉴요커 인생사 한 움큼 챙겨 온 바람도 라면 맛에 취해 발걸음이 늘어지곤 했다.

햇반은 문제 안 되나 쇠고기 스프 성분 때문에 라면은 압수될 가능성을 이 교장이 말했다. 해결책으로 면과 스프를 분리 포장했고 세관 통관까지 작은 가슴을 더 졸였다. 그들은 그런 따위는 눈길조차 안 주었다, 서운하게도.

침대에 누워 감사 기도를 올리고 싶다, 진심으로. 햇반과 컵라면을 개발한 그분들께. 척박한 서양식 음식을 피할 수 있는 여행이 그 때문에 가능하다는 것을 입맛을 다실 때마다 되뇌곤 한다.

# 삼시 세끼

노스캐롤라이나 퀄리티 인(North Carolina Quality Inn) 숙소에서 마련한 저녁 식탁은 나름 풍요롭다. 점심 먹은 곳에서 산 미국 상추에 데운 햇반 한 술갈 쌈장 한 젓가락 얻는다. 반주로 곁들인 미국산 위스키 한 잔은 금상첨화가 아닌가. 오늘 세끼째 먹는 중.

첫 끼는 숙소였던 메릴랜드 노스 솔즈베리 데이즈인(Maryland North Salisbury Days Inn)조식이 부실해 싣고 다니는 음식으로 보충했다. 전날 숙소 조식과는 너무 달랐다. 와플도 즉석으로 조리해 먹었고 남은 빵도 챙겨 왔었다. 아침밥을 잘 먹고 숙소를 나서면 하루 시작이 상쾌하다. 여행할 때 특히 그렇다.

두 번째 식탁은 오다가 들른 도로 옆 널찍한 쇼핑몰 주차장 나무 그늘에 마련했다. 해변이 멀지 않아 해풍 따라 갈매기 서넛이 방문해 점심상을 흘깃거렸지만 밥상으로 초대하진 않았다. 서운한지 말 탄 미국 카우보이처럼 훌쩍 멀리 날아갔다.

여행은 삼시 세끼를 챙겨 먹는 게 전부 아닌가 싶다. 아침 식사하고 차 몰고 오다 점심 끼니 해결했고 숙소로 달려와 저녁밥을 먹고 나서 하루 일정을 끝낸다. 생각해 보면 여행만이 아니라 인생도 그런 일정의 연속. 하루 세끼 못 먹으면 끝 아닌가.

## 김밥과 샌드위치

아침 먹으러 간다. 메릴랜드 솔즈베리 데이즈인(Maryland Salibury Days Inn). 숙박한 곳에서 떨어져 있는 접수처 건물엔 커피와 쥬스 기계, 포장한 빵뿐. 전날 조식과 차이가 크다. 종사원에게 문의하니 "'데이즈인' 체인 숙박 처음 사용하냐?" 반문한다. 그곳은 다 그렇단다. 수십 개 방이 딸린 숙박업소인데, 어쩐지 그 자리엔 덜렁 우리만이다. 그들은 숙소 속사정을 알고 있었다.

음식 섭취도 필수지만 뱃속을 비우는 것도 마찬가지다. 이곳 화장실에서 다른 걸 보았다. 오래전 유럽 여행지에선 남자 소변기 통이 높아 무척 불편했다. 여기는 두 개가 있는 곳엔 반드시 높낮이가 달랐다. 소변 받침통 크기도 달라 어린이가 쓰기 편해 보였다. 우리나라에선 보지 못한 거라 신기했고 꽤 인상적이었다.

자동차 도로엔 한두 시간을 달려도 우리처럼 휴게소가 없다. 생리적 볼일을 해결하려면 출구로 나가야 하는 걸 몰랐다. '미국놈들은 오줌도 안 싸냐, 오줌통이 그렇게 크냐?'고 동행과 투덜거렸는데, 한국식으로 판단한 거였다. 우리 식과 다르리라는 것을 알려 하지 않고 욕부터 해버린 우물 안 개구리였을 뿐이다.

　차로 달리다 보면 넓은 나라라 그렇겠지만 소규모 공원을 자주 본다. 그곳에는 화장실과 어린이 놀이터 시설이 필수다. 쓰레기통은 둘이다. 일반 쓰레기통과 재활용 쓰레기통. 뉴욕 민박집에서도 맨해튼 거리에서도 분리수거는 안 했다. 우리처럼 의무가 아니지만 공공시설에는 분리수거를 하도록 해놓았다.

　오늘 숙박하는 노스 캐롤라이나 윌밍턴 로드웨이 인(North Carolina Wilmington Roadway Inn) 109호실 문을 열고 나가려던 이 교장이 깜짝 놀라 문을 닫는다. 그곳에는 수영복 차림 남녀가 서로 끌어안고 입술을 포개고 있다. 어디서나 햇볕 좋은 곳에선 벌거벗은 남녀를 틈틈이 본다. 센트럴파크 집단 일광욕 장면은 예사 풍경이다. 우리와 너무 다르다.

　미국 여행하며 다른 것을 자주 겪는다. 한국 김밥과 서양 샌드위치만큼 차이라 할까. 여행은 어쩌면 이런 다름을 발견하고 견문을 넓히는 건데, 한때 일상 변화를 꾀하는 것에 그치지 않을 터. 이번 미국 로드트립을 마치고 나면 나는 얼마나 달라질까. 귀국하면 더 좋은 사람이 되어 있을까. 궁금한 채 오늘도 내일도 달릴 뿐이다.

# 야구와 미국인

 미국인은 야구를 무척 좋아한다. 한국에서도 그만큼은 아닐지 모르지만 인기 스포츠가 분명하다. 지인 중에 야구 팬이 적잖다. 개중에는 온 가족이 열렬히 야구를 사랑한다고 털어놓기도 한다. 적당히 야구를 좋아하는 내가 야구 본고장에 와보니 왜 미국인이 야구 경기를 만들어 즐기는지 알 만하다. 나름으로 풀어 본다.

 야구 경기 규칙은 복잡하지만 기본 개념은 단순하다. 개인이 집을 나갔다 다시 집으로 귀환하는 것. 9명이 팀을 구성해 서로 도우며 상대편과 귀가한 숫자 우열을 다툰다. 집을 나서기부터 네 단계를 거쳐야 하니 각 지점에 도달하기가 상대편의 방해로 만만하지 않다. 몇 단계를 거치던 귀가하지 못하면 점수를 얻지 못한다. 결과가 과정보다 중요하다.

 자동차로 달리다 보면 길가에 집들이 드문드문 지나간다. 몇 채가 모여 있기도 하나 외따로 떨어져 숲속에 동그마니 앉은 집도 다수다. 그 집에 사는 사람은 나가면 집에 들어와야 한다. 볼 일이 4단계이고, 어느 선과 정도를 벗어나면 돌아서야 한다. 그 기준이 홈런, 말 그대로 집으로 달려가야 한다. 더 욕심을 부리면 러시아 농부처럼 죽는다. 남은 가족 앞세워 귀가해야 한다.

　사람은 각자 바운더리 안에서 산다. 이 경계를 벗어나 보는 것이 여행이다. 짧건 길건 가리지 않고 결국엔 다시 원래 바운더리 안으로 향한다. 야구 경기처럼 홈으로 복귀해야 한다. 우리 미국 로드트립도 동일하다. 떠나온 곳으로 컴백해야 여행을 완성한다. 무사 귀국이 출국 때 함께 세운 우리 목표다. 홈런을 치지 않더라도 각자 집 현관문으로 무사히 들어서길 빈다.

# 7부_아이 러브 텍사스

천지인
플로리다 올랜도 해변의 남자
키웨스트 헤밍웨이 하우스
두 개의 혹은 낮은 변기
뚱보 나라
미소로 답한다
마이애미비치 여경을 만나다
어디나 돗자리만 깔면
레이디 퍼스트
비상등
미아리 텍사스
아이 러브 텍사스
뉴멕시코를 떠나며

# 천지인

한글 모음 창제 원리는 천지인 삼재三才다. 하늘은 'ㆍ', 땅은 'ㅡ', 사람은 'ㅣ'으로 표상한다. 자음은 발성 기관을 본뜬 것도 한국인은 안다. 국어과 시간에 졸지 않았다면. 이 중요 원리가 미국 땅에서 자동차를 몰면서 떠오른다면 얼마나 기막힌가. 아니 그것을 만날 수 있다면 말이다.

미국 자동차 도로는 거의 직선이라 보아도 틀리지 않는다. 다 이렇지는 않아도 직선 도로가 너무 길어 앞이 보이지 않을 정도다. 이런 도로에서 핸들을 잡고 있으면 위로 보이는 하늘과 줄지어 늘어선 나무숲 사이, 길과 나뿐이란 걸 느낀다.

연암 박지원이 드넓은 만주 땅을 지나며 했다는 말, 호곡號哭하기 좋은 곳이란 말이 저절로 연상된다. 즉 천지인 셋뿐인 여기 이 순간에는 '천상천하 유아독존'이란 붓다의 말도 생각난다. 천하를 주유하며 호연지기를 길러야 한다는 의미를 비로소 차 안에서 깨닫는다.

반 토막 난 한반도에서 나고 자라 늙어가는 지금, 여기 미국 땅에서 늦게라도 광막한 대지를 만나보고 무변 광대한 하늘을 접한다. 이런 순간을 체감할 수 있음을 하늘과 땅 사이 미약한 한 생명으로서 누구에게라도 감사를 드리고 싶다. 천지인 삼재의 하나 됨을 말이다.

## 플로리다 올랜도 해변의 남자

　나훈아의 '해변의 여인'이란 가요를 아시는가. 아마도 나이 지긋한 한국인은 한두 번 이상 듣고 불러 보지 않은 사람은 드물 것이다. 특히 남자라면 더욱 그러할 터. '해변의 여인'을 젊어서 꽤 불러 그런지 어쩌다 보니 순식간에 해변의 남자가 되어버렸다.
　우리는 플로리다 팜코스트(Palmcoast)에서 웨스트 팜코스트(West Palmcoast)를 향해 95번 남로 길을 달렸다. 시동 켜고 얼마쯤 가다가 내비게이션이 가리키는 길에서 무작정 벗어났다. 그대로 달리면 오전 중 예약한 곳에 도달할 터. 샛길로 핸들을 돌려버린 이유다. 그래서 닿은 곳은 나중에 알고 보니 올랜도 데이토나(Orlando Daytona)비치였다.
　이곳은 아마도 관광객은 우리뿐이지 싶게 작달막하고 까무잡잡한 남미계 사람들이 적지 않았다. 해변까지 차를 몰고 와 가족끼리 모여 햇볕과 모래와 바다와 하늘을 즐기는 것처럼 보였다. 부부끼리 해변 모래사장을 거닐거나 의자나 자리를 펴고 일광욕에 빠진 연인도 자주 눈에 띄었다. 그들에게 어울리는 이 지역 명소가 아닌가 싶었다.
　우리는 발을 적시며 해변을 걸었다. 끝이 보이지 않는 백사장을 걸어

중간쯤 갔다가 풀이 죽은 채 돌아왔다. 말은 안 해도 함께 걷고 싶은 사람이 서로 그리웠으리라. 이곳에 어울리지 못하는 해변의 남자가 되어 마음속에 한 여인을 떠올렸으리라. 다음엔 꼭 이 해변에 어울리는 풍경이 되길 마음속으로 다짐하며 주차장으로 향했다.

데이토나비치, 해변의 남자

## 키웨스트 헤밍웨이 하우스

최남단 표지석 앞에서 얼굴을 저마다 네모 칸 화면에 박아 넣는다. 줄지어 선 미국인 각자 포즈가 다양하다. 우리나라 마라도 같은 곳. 카리브해 물결은 햇살 아래 숨죽이고 반짝인다. 셀리브리티(Celebrity) 크루즈선이 처음 기항한 곳인 키웨스트(KeyWest)에서 하선해 걸어온 첫 목적지. 쿠바와 90마일 거리란다.

웬만한 곳은 도보 이용이 가능한 작은 섬. 걷기보다 자전거, 코끼리 열차, 카트를 이용하지만 걷기 좋아하는 우리는 시종 걷는다. 안내지도 보고 찾은 곳은 헤밍웨이 하우스. 노벨문학상 작가인 그가 주로 머물며 집필한 곳은 쿠바로 알려졌지만 이곳 키웨스트도 헤밍웨이가 애용한 곳이란 걸 여기 와서 알았다.

사철 햇살을 쬐고 바람결에 물결이 잔잔히 이는 바다가 가까워 즐기기 좋은 헤밍웨이 하우스. 여기서 어떤 작품을 구상하고 무엇을 집필했는지 모르지만 문호인 그에겐 필요한 장소였을 것이다. 문호라 이런 집필실이 있어야 했는지 이런 곳에서 글을 공글려서 문호가 될 수 있었는지 알 수 없지만 아마도 영향은 있었으리라.

나를 아는 사람은 혹시 주제를 모른다고 한마디 하겠지만 일찍이 헤밍웨이 흉내를 내보았다. 나름 집필실을 마련해 간혹 이용한다. 노벨문학상 작가를 어찌 쳐다볼 수 있겠는가만 얼치기 글이라도 끄적대려면 한적하고 혼자만의 시간에 집중할 수 있는 공간이 필요했다. 헤밍웨이 하우스를 돌아보며 외양만이라도 하나쯤 닮았다고 자위해 본다.

키웨스트 헤밍웨이 하우스 입구 매표소

## 두 개의 혹은 낮은 변기

　오래전 독일이었던가. 소변 통이 높아 당황했고 짧은 다리를 아쉬워한 글을 쓴 적도 있다. 중요한 생리 해결이라 해외여행 중에는 신경 쓰인다. 평시와 다른 걸 체험하는 게 여행이지만 삶의 기본은 언제 어디서나 동일하지 않은가.
　하루 세끼는 먹어야 하고 또 적당한 간격 체외 배출이 생명 유지 바탕인 건 부처나 예수나 공자도 예외가 아니잖은가. 하물며 일개 범부야 두말할 게 무언가. 유달리 섭취보다 배설에 관심을 가지는 것도 이 때문. 누구라도 여행 중에 이런 문제 에피소드는 꼭 있지 않던가.
　미국 남자용 화장실에서 본 건 흥미롭다. 우리는 받침 통이 맨 아래 달려 문제없다. 이곳엔 중간쯤에 있다. 성인용과 소아용은 서로 높이가 다른 것을 설치했다. 하나로 둘 다 해결할 수 있는 우리나라 변기가 더욱 현명하지만 이들만의 방식이랄 수 있다.
　대개 높이가 다른 둘을 달아놓는다. 공간이 부족한 곳엔 낮은 걸 하나만 설치해 양자가 불편 없게 배려한다. 약자를 배려할 줄 아는 그들만의 삶의 방책을 엿본 거다. 아마도 이런 정신이 지구촌에서 리더 국가로 자리매김하는 바탕이 아닐까.

## 뚱보 나라

배가 나온 몸매를 부러워한 시절도 있었다. 초등학교 때 배 사장은 성공한 우리 사회 징표였다. 덜 먹어 한때 헛배가 나온 걸 보고 아버지는 아들이 성공할 조짐을 보인다고 좋아한 것도 기억한다. 그런 궁핍한 시대를 시종일관 건너 이제는 너도나도 뚱보 몸매를 피하게 되었다.

미국에서 만나는 사람들은 몸매가 지나치게 영양 과다형이다. 저런 몸으로는 걷는 것조차 대단해 보이기도 한다. 볼륨감을 강조한 인체 조소 작품 어떤 것도 그들 몸에 견줄 건 없어 보인다. 그런 몸으로도 일상생활에 지장 없이 살아갈 수 있을까 싶을 정도라 오히려 놀랍다.

미국에서 뚱보 범람은 이 사회의 비뚤어진 풍요의 단면이다. 무분별한 영양 섭취의 적재적소 배분과 소모 실패가 뚱보를 양산한 원인일 터. 못 먹어 헛배가 불룩한 건 아니다. 비만은 사회적 재부의 비뚤어진 방향을 보여주는 셈이다.

복지국가 이상형이 과연 미국처럼 뚱보 나라일까. 자유와 평화를 사랑하고 굶주린 사람이 없는 사회이지 뚱보가 득실대는 건 아닐 것이다. 미국에서 너무 자주 뚱보를 보면서 결코 따라가선 안 되는 빗나간 풍요의 장면이라 안타까움과 연민을 잠시 품어본다.

## 미소로 답한다

　청소하다가 마주쳐도 새까만 얼굴에 미소가 한 바가지다. 종업원 표정이 대체로 밝다. 말하자면 우리는 낮게 보는 직종인데도 얼굴이 밝다. 물론 여기서 마주치는 사람들 표정은 밝은 게 일상이긴 하지만 하층 노동자도 새벽 크루즈 선상에서 마주치면 먼저 "굿모닝~" 하고 인사한다. 우리네 문화와 다른 모습이다.

　한국에서 미화원에 종사하는 이들 표정을 보면 다 그런 것은 아니지만 대개 어둡거나 불만스워하는 기색이다. 한민족 표정이 서양인에 비해 경직된 것이 일반적이라 해도 어찌 되었든 자기 일에 만족한 상태는 아닌 것으로 보인다. 짐짓 잘못 건드리면 그 불만을 뒤집어쓸 것 같아 무척 조심스럽다. 괜히 내가 무슨 잘못이라도 한 듯 마음 한구석이 저릿하다. 마주치지 않으려고 피하기 일쑤다.

　모두가 행복하고 다수가 만족한 나라는 이상일 뿐 현실은 그렇지 않다. 특히 우리나라는 계층 간 빈부 차이가 사회적 문제다. 직종 사이 임금 편차도 심해 의료와 법조계 학과 진학 경쟁은 갈수록 하늘을 찌른다. 모두 한 줄로만 경쟁하고 이 줄에서 낙오한 사람은 불만과 선망을 넘어 시기심으로 세상을 대한다. 문제가 많지만 개선 여지가 비좁다.

  미국을 며칠 여행하며 본 것만으로 일반화하는 어리석음과 편견이 분명하나 하여튼 우리와는 다르게 보인다. 밖으로 나가봐야 안이 보인다. 일시적 현상일지도 모르나 어쨌든 달리 보인 것이 부러운 건 사실이다. 우물 안 개구리였을 사고와 인식을 조금이라도 바꿀 수 있는 여행이라면 얼마간 값은 하는 셈이리라.

## 마이애미비치 여경을 만나다

　미국 플로리다 마이애미비치 거리에서 여경을 만났습니다. 한국에서 출국 준비하며 국제운전 면허증을 물론 만들어왔지만 정말 쓸 줄은 몰랐습니다. 미국 여행하며 절대 만나지 말아야 할 대상엔 경찰이 일 순위였지요. 그들의 엄정함과 무자비한 공무집행을 두려움과 떨림으로 인지하고 있었거든요.

　얼마 전 로스앤젤레스 교민이 경찰 총격으로 사망한 사건도 출국 전에 알았고요. 미국 경찰 지시에 잘못 대응했다간 언제 몸으로 총알을 받을지 모릅니다. 정말 오금이 저릿저릿하리라 상상조차도 겁나서 미국 땅에서 조심 또 조심 중인데요. 제발 이 땅을 떠나는 그 순간까지 대면하지 않도록 빌었습니다.

　주차비가 아깝기도 하고 어떻게 처리해야 할지 몰라 마이애미비치 시내를 돌다가 해변 근처에서 이 교장이 먼저 하차했지요. 그가 잠시 해변을 구경하고 다시 그곳에서 만나기로 했어요. 한 10분 뒤에 가까운 곳으로 갔다가 돌아오는데 앞에 경찰차가 보여 얼른 옆으로 지나가려 했습니다. 어쩌나, 날씬하고 키 큰 예쁜 여경이 도로로 나오더니 차를 세웁니다. 아차, 죽었다! 그렇게 생각했어요.

운전석 쪽으로 다가와 총은 빼지 않고 면허증을 보자네요. 가슴이 콩닥대는데도 허둥지둥 국내와 국제운전 면허증을 내밀었습니다. 왜 그러냐고 눈으로 물으니 일시 정지 위반이랍니다. 거리 곳곳에 서 있는 '스톱' 사인을 못 보고 지나쳤거든요. 갔던 길을 돌아오다 보니 무심했던 거지요. 그동안 운전하며 제일 신경 쓴 건데 마이애미비치 강렬한 햇볕에 그만 슬그머니 눈뜬장님이 돼버렸나 봅니다.

분명히 벌금을 맞을 건데 정말 이걸 어쩌지 하고 있었거든요. 여경이 물어요. 사업차 왔냐고. 관광하러 왔다니까 휴가냐고 그러길래, 최대한 공손하고 풀죽은 면상으로 "예스"했습니다. 그녀가 면허증을 돌려주며 그냥 가라네요. 이건 대박이야 하면서 얼른 줄행랑치듯 차를 몰았습니다. 십년감수가 이런 게 아닐까요?

약속한 시각보다 늦었는데 어디선가 이 교장이 달려오며 얼른 내리라 그러네요. 해변에 빨리 다녀오라고요. 여경 만난 얘기도 거른 채 마이애미비치 해변으로 발걸음을 서둘렀습니다. 백사장을 걸어가 바닷물에 손도 적셔보고 셀카도 서둘러 찍었지요. 여경이라 그랬을까요? 그 관용 말이지요. 사람 사는 세상은 어디라도 그렇지 않을까 생각하며 마이애미비치 해변에서 작별의 발길을 돌렸습니다.

## 어디나 돗자리만 깔면

시작은 뉴욕 센트럴파크였다. 잔디밭에서 야외 식탁을 차린 것은. 민박집에서 밥과 반찬을 담아 나왔다. 공원을 걷다가 배가 출출해지자 나무 그늘에 돗자리를 폈다. 훌륭한 한 끼 식사였다. 이 아이디어는 동행하는 이 교장이 냈다. 미리 휴대용 도시락까지 한국에서 공수했다. 전에 경험했다고 말했는데 미국 여행에서도 활용했다.

그 뒤로 뉴욕 중심가인 브라이언트 공원에 점심상을 차리기도 했다. 물론 뉴욕 허드슨강에서 낙조를 바라보며 저녁밥을 먹어보기도 했고 길가 아늑한 민가 잔디밭에서도 점심상을 마련하기도 했다. 차를 몰고 가다가 때가 되면 그늘과 잔디밭이나 공원 벤치는 우리 전용 식탁이었다. 어디서나 한적한 곳은 맞춤한 식탁으로 삼았다. 우리 나름 미국 땅 이용법이었다.

미국 자동차 여행에서 제일 불편한 문제는 식사다. 서양식을 매끼 사 먹기도 비용만 부담이 아니라 70년간 길든 한식 입맛도 문제다. 해결책으로 최대한 많은 간편식을 가방에 담아왔다. 햇반과 컵라면, 일회용 포장 반찬. 다른 건 이곳에서 구매했다. 쌀도 사고 밥솥도 마련했다. 자동차에 싣고 다닐 수 있어 어렵지 않다.

아침은 서양식 조식을 제공하는 숙소에서 대부분 해결한다. 점심과 저녁 식사는 거의 야외 식탁을 차린다. 시간과 장소만 맞으면 만사 오케이다. 이젠 그런 자리를 검색해 찾아가기도 한다. 미국은 땅이 넓기도 하지만 곳곳에 공원이 널렸다. 그곳에는 예외 없이 음수대와 화장실만 아니라 밥솥 코드를 꽂을 데도 있으니 식탁 마련에 부족함이 무엇이겠는가. 어디서나 돗자리를 깔면 만사 오케이이다.

야외 점심 밥상

## 레이디 퍼스트

크루즈 선에서 본 풍경. 허벅지 살을 앞뒤로 비비며 한 여자가 걸어간다. 젖가슴 살이 양쪽으로 흘러 아랫배 경계까지 침투한 사내가 거대한 볼기 부위를 뒤룩대며 여자를 뒤쫓는다. 늙수그레한 남녀 뒤로 꽤나 젊은 여자 역시 늘어진 젖가슴을 좌우로 흔들대며 걸어온다. 약간 뒤로 어깨에 머리통이 바싹 붙은 남자가 뒤따른다.

체형과 얼굴 그리고 걸음새는 다르나 공통점은 확실하다. 반드시 여자가 앞서고 남자가 뒤에 선다. 식당에서도 접시 가득 음식을 담은 여자 뒤로 음료수 컵까지 든 남자가 종종거린다. 엘리베이터 앞에서도 여자가 앞에, 남자는 뒤에서 문이 열리기 기다리며 서 있다. 문이 열리고 먼저 내리는 사람도 역시 여자다.

모두 레이디 퍼스트다. 여성 우선주의, 서양문화의 특징이라고 배웠다. 그 문화적 연원엔 설이 여럿이지만 하여튼 여자 우대는 맞다. 이것을 미국 플로리다 포트로더데일에서 처음 타 본 크루즈 선에서 지치도록 목격한다. 아무리 그들이 레이디 퍼스트를 생활화했다지만 여성 대통령은 아직 없지 않은가. 진짜로 중요한 것은 내놓지 않고 겉만 내주는 게 아닐까.

 나이가 들어가면서 하나둘 아내를 앞세우게 된다. 저절로 인생 노년 레이디 퍼스트다. 이대로 가다 보면 이 세상 하직도 그리될지 모르겠다. 이것만은 내가 앞서고 싶다. 뒤에 남겨두어도 걱정이지만 어찌 막중한 최종 인생사를 남편이 아내에게 넘겨줄 수 있겠는가. 이곳에서 레이디 퍼스트를 목격하며 떠올린 단상 한 토막.

## 비상등

  비상등을 켠다. 65마일(104km) 도로를 절대 감속하여 21마일(33km) 시속으로 달린다. 뒤따르는 차들이 하나둘 추월한다. 30분쯤 달리자 타이어 수리점이 도로 오른편으로 보인다. 마당으로 들어서 비상등을 끈다. 숨을 후하고 내뱉으며 바짝 쪼그라든 마음 한 덩이 바닥에 던진다.

  허츠 렌터카 비상호출 전화를 시작한 지 한 시간쯤 걸렸다. 플로리다 탤러해시(Tallahassee)에서 앨라배마 모빌(Mobile)로 향해 시동 걸고 대략 한 시간도 안 되었다. 일요일, 텅 빈 타이어 수리점 주차장에서 듣는 자동응답 전화 영어는 플로리다 열기만큼 속만 답답하게 했다. 몇 번을 반복해 듣다가 겨우 담당자 목소리를 들었다.

  대충 상황을 얘기했으나 말하는 나와 듣는 담당자나 답답하기는 매일반. 렌터카 예약할 때 안내대로 한국어 통역을 요청했다. 상황을 이쪽에서 저쪽으로 통역사는 번갈아 전달했다. 결국엔 문제를 전달했고 답을 듣고 비상등을 켜고 왔던 길을 되돌아 탤러해시로 차수車首를 돌렸다.

  늘 그랬던 것처럼 숙소 근처 주유소로 들어섰다. 건너편이라 돌아 들어가다가 도로 턱에 오른쪽 뒷바퀴가 걸리며 덜컹하고 큰 소리가 들렸다. 주유기를 꽂아놓고 보니 탁구공 반쯤 크기로 타이어 옆이 부풀어 올랐다. 덩달아 주유기도 중간에 멈췄다. 가다가 또 살펴보기로 하고 일단 바퀴를 굴렸다.

로드트립 경로를 짤 때 고속도로는 피하고 지방도를 선택했다. 좀 더 미국 속살을 만지고 싶어서였다. 그 때문에 도로 양옆에는 주유소가 자주 보였다. 오늘도 그랬다. 처음 주유한 곳에서 멀지 않은 곳에 주유소가 보여 바로 들어섰다. 그곳에서 타이어 혹이 더 커진 걸 발견해 근처 수리점으로 찾아갔다. 일요일이라 문이 닫혀 있다. 렌터카 비상 호출 전화를 걸었다.

탤러해시 시내라 그런지 일요일인데도 문을 연 곳이 있다. 렌터카 담당자로부터 안내받고, 이메일로 보내준 바우처로 타이어를 교환, 보험으로 해결해 비용도 안 낸다. 다시 오늘 목적지인 모빌로 새 타이어 바퀴를 힘차게 굴려본다. 귀국할 때까지 다시는 비상등을 안 켤 각오로 조심성도 한 바가지 운전석에 매단다.

## 미아리 텍사스

 텍사스는 달랐다. 루이지애나 레이크찰스에서 작은 다리를 건너자 바로 텍사스다. 지금껏 제한속도였던 시속 55마일이 75마일(120km)로 바뀐다. 더 놀라운 건 그처럼 빠른 도로인데도 중앙선이 없다. 노면도 거친데 중앙선 자리엔 노란 야광용 반짝이만 보인다. 한국에선 100km 고속도로엔 반드시 벽이 양쪽 도로를 차단한다. 역시 텍사스다.
 우리가 진입한 도로는 63번 북로다. 텍사스 세 번째 도시인 댈러스 플레이노로 가는 중. 미국 로드트립을 하며 고속도나 유로 도로는 외면하고 일반도로를 주로 달린다. 여태껏 할 수 없어 두어 번 70마일(112km)로 고속도로를 달려보았다. 텍사스 63번 도로는 일반도로다. 다른 주 고속도로보다 더 빠른 일반도로라니 텍사스는 다르다.
 물론 달려본 텍사스 도로가 모두 그렇지는 않다. 미국 교외 도로는 보통 2~4차로 이상 넓이 초지가 중앙 분리대이다. 반대 차로를 의식하지 않고 달릴 수 있고, 노란색 두 줄로 구분한 도로도 점선인데 추월은 물론이고 비보호 좌회전과 유턴도 허용한다. 오다가 중앙 분리 초지를 새로 만드는 텍사스 도로 공사 현장도 지났지만 제한속도 75마일은 웬만하면 그대로였다.

웬만큼 나이 든 사람은 강북의 '미아리'라 하면 둘 정도는 떠오를 것이다. 첫째는 요즘도 불리는 '단장의 미아리 고개'라는 대중가요. 둘째는 '미아리 텍사스'. 미아리 고개는 여전히 남아 있지만, 미아리 텍사스는 사라지고 없다. 이른바 오래전 그곳은 사창가로 유명했다. 다양한 행정 조치로 지금은 영등포 텍사스, 청량리 텍사스와 함께 전설로 남았다.

텍사스는 날씨도 달랐다. 목적지가 아직 남았는데 맹렬한 폭우로 우리를 환영한다. 그동안 운전 중엔 한 번도 비를 보지 못했는데 여기는 다르다. 날씨도 텍사스다운 걸까. 알래스카 다음으로 미대륙에서 가장 넓은 땅인 텍사스. 서부영화 배경으로 많이 등장한 이곳을 왜 한국에서 부정적 이미지로 수입하였을까.

텍사스 이미지를 처음 수입한 사람은 미국인이었을까, 한국인이었을까. 그들은 텍사스를 와 본 사람일까, 어떤 풍문이나 간접 경험이 그런 이미지로 전성한 것일까. 오늘, 하루 더 도로를 달리며 텍사스를 만나 볼 셈이다. 부족한 대로 나만의 텍사스 이미지를 만들 수 있기를, 이것이 로드트립을 감행하는 이유라 할까.

# 아이 러브 텍사스

 그들은 덮쳐 왔다. 렌터카 앞뒤로 두 대가 길을 막고 우리 앞에 나타났다. 텍사스 경찰들, 권총 찬 남자 세 명. 마이애미비치에서 여경을 한 번 만나고 다시는 안 보길 빌었는데, 기도발이 텍사스 태양열에 녹았나 보다. 어제 텍사스 땅을 밟은 지 하루 만에 또 불상사가 일어났다.

 마을 외곽 도로 옆 나무 그늘에 점심상을 차리고 컵라면과 과일로 허기를 달랬다. 어제 숙소로부터 한참 걸려 댈러스 시내를 빠져나와 사방이 벌판뿐인 텍사스를 두 시간 달리다 보니 쉬 뱃속이 울어댔다. 일망무제 망망 대륙을 75마일(120㎞)로 내쳐 달려오다 처음 만난 마을 안에서 겨우 찾은 명당이었다.

 렌터카 반환 시간 변경 요청을 식사 후에 시도했다. 어제는 자동응답 전화기에 횡설수설하다 끝났다. 오늘까지 묵묵부답이라 다른 번호로 도전했다. 해결될 때까지 치받을 생각을 텍사스 벌판 너머 구름에 약속한 터. 한국 화자와 미국 청자 사이 불통을 거듭하다 드디어 원하는 확답으로 끝을 맺었다. 콩글리시 활약을 즐길 새도 없이 그들이 바로 들이닥친 거였다.

그들은 몇 마디 묻고 신분증을 확인한 뒤 현장을 떠났다. 왜 그들이 한식 반찬 냄새에 달려드는 파리 떼처럼 느닷없이 등장했을까. 우리가 식탁을 차린 곳으로 여러 차량이 지나쳐갔다. 앞뒤 차 문을 활짝 열어놓은 채 식사에 열중했다. 경찰이 우리에게 내뱉은 첫마디가 차량 이상 여부인 것으로 미루어 짐작했다. 지나갔던 차량 누군가 신고했나 보다.

아마도 신고한 사람이 둘이라 각자 따로 나타난 것이리라. 이 지역 보안관과 광역 경찰이 제각각 신고받고 동시에 온 건가. 아니면 합동 감찰하려고 서로 연락해 들이닥친 것일까. 하여튼 우리는 허둥지둥 그들 요구대로 협조했다. 총 맞지 않으려고, 최대한 공손하게 억지로라도 웃는 낯빛으로 풀이 바짝 죽은 채로.

한 경관이 뜬금없이 물었다. 텍사스를 좋아하냐고. 약간 얼어붙은 채지만 내 입은 자동으로 열리며 "아이 라이크 텍사스". 옆에 있던 이 교장은 더 큰소리로 외쳤다. 마치 훈련병이 무서운 교관에게 기합받지 않겠다는 듯 "아이 러브 텍사스!" 엉겁결에 사랑한 텍사스를 내일 떠난다. 사랑만은 남겨두고. 떠난다고 사라질 사랑이라면 그게 진정 사랑일소냐.

## 뉴멕시코를 떠나며

'빌리더키드'를 만났다. 조수석에서 졸다가 깨어보니 입간판이 보였다. 빌리더키드 무덤, 왼편 2마일. 얼마 뒤에는 그의 뮤지엄 광고판이 보였다. 가볼까 말까 하는데 좌측 차로 건너편에 뮤지엄과 한 건물인 기념상점이 보였다. 우리는 핸들을 급히 꺾어 그곳에 얼굴을 들이밀었다. 영화를 보고 그를 알았는데 주인공 흔적을 만날 줄이야.

빌리더키드(Billy the Kid, 1859~1881), 미국 서부 개척시대 뉴멕시코 준주의 전설적 무법자. 빌리더키드는 별명, 본명은 윌리엄 헨리 맥카티 주니어(William Henri Macarty Junior). 1875년 첫 범죄 뒤 두 번 탈옥 후 1881년 사살, 뉴멕시코 주 포트 서머(Port Sumer)에 매장. 사후 전기를 출판했고 영화와 음악 소재로도 사용. 네이버 검색으로 알아본 내용.

기념품점에는 우리 말고도 손님이 적잖다. 8달러 입장료 뮤지엄엔 관객이 없었다. 공간도 좁아 보이고 전시품도 눈길을 끌지 못해서일까. 그와 연관된 다양한 상품이 꽤 많았는데 대부분 중국제품이었다. 전시된 각종 기념품을 둘러보다 이 교장은 가슴에 빌리더키드 얼굴 사진이 박힌 티셔츠를 방문 기념품으로 30달러쯤 지불했다.

부지불식 간에 사랑했던 텍사스를 떠나 찾아온 뉴멕시코는 황막하게 보였다. 무법자가 날뛰던 곳이어서 그랬을까. 작은 나무들만 군데군데 보이는 벌판. 어쩌다 검은 소 몇 마리 차창 밖으로 지나쳐 갔고 어찌 살아갈까 걱정스럽게 한두 채 집만 이따금 눈길을 잡아챘다. 도로 옆 마트에는 영어, 아래는 스페인어를 병기했다. 얼굴과 체격도 달랐다.

사방이 무변광대 하던 텍사스와 달리 산도, 나무와 토지 색도 달랐다. 도로는 경사로와 곡선 도로가 자주 나타났다. 산세가 한국과 유사하게 보인 알버커키(Albercurky)에서 아리조나 플래그스태프(Plagstaff)로 오던 중 들른 건물. 미국형 대형 마트 안엔 거의 유색 인종뿐이었다. 나중에 보니 그곳은 나바호(Navajo) 인디언 거주지였다. 나바호족 관련 시설도 자리잡고 있었다.

빌리더키드로 인사를 나누었던 뉴멕시코. 나바호족 인디언의 슬픈 역사를 돌아보며 뉴멕시코를 떠났다. 약소민족은 어디서나 서러운 역사를 타고난다. 우리 역시 그렇다. 약소국 출생이지만 선조들 노고로 이제는 로드트립도 감행할 수 있게 되었다. 자랑스러운 선배는 못될지라도 부끄럽지 않게 살아야겠다고 광막한 벌판 바람에 다짐했다.

빌리더키드 뮤지엄 안내 입간판

빌리더키드 기념품점 내부

## 8부_캄 백 쑨

미국인 친구
다시 또 라스베가스를!
자동차 운전 천국
직선과 곡선
미국 미국인
국민체조
미국 화장실 사용법
불쌍한 로스앤젤레스 시민
캄 백 쑨
미국식 경로 우대
반세기만의 대화
굿바이 아메리카

## 미국인 친구

 우리 속담에 눈치가 빠르면 절간에서도 젓국을 얻어먹는다 했다. 미국에서 눈치와 호의로 두 친구를 만났다. 선입견과 다르게 우리가 만난 미국인은 대부분 인사성 바르고 친절했다. 그중에서 특별했던 두 사람 이야기를 하련다. 곱상하게 늙은 플로리다 할머니와 털북숭이 남자다. 둘 다 사진까지 찍어 두어 기념 삼기 넉넉하다.

 크루즈 식당이었다. 4인용 식탁 안쪽에 앉았다. 뷔페식이라 담아온 접시 음식을 먹고 있자니 자리 찾아 두리번대는 할머니가 다가왔다. 쳐다보자 옆에 앉아도 되냐 물었다. 어브코스!(Of course). 옆자리이니 인사말이 오갔다. 플로리다에 살며 80살이 넘었는데 벌써 10번째 크루즈를 아들이 태워주었다고 자랑했다. 그녀 동행도 합석해 어울렸다.

 플로리다 할머니가 와인과 콜라를 우리에게 선뜻 대접해 감사하다고 말했다. 우리는 친구니까 기꺼이 산 거라고, 통성명도 하고 사진도 찍었다. 크루즈 선상에서 선들선들 바닷바람 따라 미국 여자 친구가 생겼다. 우리도 대접만 받을 수는 없다고 저녁 밥상에 초대하는 문자를 보냈다. 대서양 물결이 거세서일까, 미국 여자 친구인 그녀에게 닿지 않았다.

길을 잘못 든다. 고속도 출구에서 커피집 입구를 못 찾고 더 달린다. 아리조나 플래그스태프에서 후버댐을 경유해 라스베가스로 달려가는 길. 노란 두 줄 중앙선을 못 넘게 한다. 한국에서는 눈치껏 유턴해 돌아갈 길, 조수석 이 교장은 불법이니 안된다고 말한다. 돌아갈 길 찾아가다 만난 곳. 그곳엔 미국 친구가 기다리고 있다.

잘못 들어간 길로 가다 보니 단층 짜리 건물, 막사처럼 나란히 앉은 자리 중간 공터엔 바이크가 득실댄다. 바이크용 물품을 파는 노점도 보이고 안쪽으로 더 들어가니 의자가 늘어서고 무대도 차려놓았다. 우리는 커피 한 잔과 화장실이 필요해 두리번거리다 엉성한 푸드트럭과 텐트와 탁자가 놓인 곳에서 혈색 좋은 사내를 보았다.

탁자 위에 큼지막한 커피포트가 보여서 마셔도 되느냐고 어색하게 묻는다. 마시고 값을 치를 요량으로 종이컵에 반쯤 따르고 큰 통의 프림도 넣어 숟갈로 젓는다. 세찬 아리조나 바람이 몰아치자 텐트가 위태하게 흔들린다. 캠핑 전문가인 이 교장이 커피를 마시다가 달려가 고정 작업을 돕는다. 바람이 조금씩 잦아든다.

커피잔을 내려놓고 값이 얼마냐고 물으니 그는 손을 내젓는다. 그냥 가라고, 호의라고 말하며 웃는다. 우리도 그냥 물러설 수 없다. 그 얼굴만이라도 기념으로 가져가려고 스마트폰에 담는다. 번갈아 미국 사나이 얼굴을 사각 틀 안에 가두고 마음대로 친구로 삼아버린다. 미국인 남자친구를 만들어버린 스토리다.

이제 우리는 라스베가스로 달려간다. 그곳에서 샌프란시스코를 거쳐 최종 목적지인 로스앤젤레스로 신나게 자동차 바퀴를 굴릴 것이다. 아직 남은 여정에 어떤 사연으로 미국인 친구가 또 생길지 모른다. 처음 출국할 때 두렵고 떨리는 심정으로 도전한 로드트립. 지금은 편안하고 즐거운 마음으로 어떤 스토리를 만들지 갈수록 기대가 크기만 하다.

미국인 친구

## 다시 또 라스베가스를!

데스밸리 국립공원 방향으로 차를 돌린다. 라스베가스가 자동차 뒷바퀴와 멀어진다. 동행은 아쉬운 듯 시내를 돌아보고 나섰지만 나는 빨리 벗어나고 싶다. 다시는 라스베가스에 발자국을 남기지 않겠다고 아득하게 둘러선 사산死山에게 다짐한다. 두 번째 방문으로 그 본성을 보았기에 세 번까지 올 마음은 짝퉁 스핑크스를 지나치면서 그 위로 날려버렸다.

라스베가스는 후버댐 축조 배후지였다가 조성된 도시다. 모래벌판에 세운 인공 조형물로 그득하다. 초기 성격대로 호텔 건물 위주다. 그곳엔 인간 생존과 유희 본능 욕구를 해결할 시설과 서비스를 제공한다. 생존 본능인 숙식, 오락과 사행심을 채울 카지노와 쇼 공연장이 딸린 게 라스베가스 호텔 기본 메뉴다. 자연은 안 보이고 인공물뿐이다. 이마저도 모방한 게 대부분. 뉴욕 자유 여신상, 파리 에펠탑 등.

라스베가스에서 머잖은 곳은 자연 그대로다. 사암 국립공원(Red Rock Canyon National Conservative Area), 거무스레한 바위산과 붉은 사암이 어깨동무하며 서 있는 곳. 그곳엔 인공물이라곤 방문자 센터뿐이다. 인터넷도 안 터지는 곳. 태초부터 있어 온 자연 그대로인 곳. 라스베가스식

인공물을 탐방로 길가 돌멩이에도 견주지 못할 만큼 헐값인양 낮춰 보게 한다.

자연인처럼 살기도 쉽지 않다. 라스베가스 도시처럼 인공 건물 무리에서도 살고 싶지 않다. 더는 구경조차도 짜증 난 인공도시 라스베가스. 하늘을 찌를 듯이 솟은 뉴욕을 떠올린다. 센트럴파크가 인공성을 해소해 또 가고 싶은 도시 뉴욕을 만들었다. 자연과 조화를 이루는 도시, 도시에서 멀잖은 전원에서 언제나 살고 싶다는 생각이 라스베가스와 멀어지면서 더욱 깊어진다.

라스베가스 거리에서

# 자동차 운전 천국

일망무제一望無際 도로가 펼쳐진다. 가볍게 핸들에 손을 얹는다. 단단한 도로 위를 자동차는 미끄러진다. 마주 오는 차만 가끔 지나친다. 앞에도 뒤에도 차가 안 보인다. 크루즈 주행을 세팅하고 발을 뗀다. 정면을 주시한다. 차선 보조도 작동해 핸들에 손만 올린다. 편안하게 음악을 들으며 차가 달리도록 놓아둔다.

핸들을 잡은 지 30여 년, 큰 사고 없이 흘렀지만 미국 땅에서 어쩌다 보니 운전을 하게 되었다. 처음 렌터카 핸들을 잡고 시동 버튼을 누르니 긴장감이 찌르르 온몸에 흘렀다. 차종도 손에 안 익지만 여기 도로와 신호 체계도 낯설다. 경직된 자세로 뉴욕 맨해튼 시내를 한 바퀴 돌자 긴장감은 이내 풀렸고 곧 운전이 익숙해지고 편안해졌다.

미국에서 자동차를 몰아보면서 운전이 재미있고 즐기는 게 가능하다고 느낀다. 한적한 도로도 꽤 많지만 어딜 가나 사람보다 자동차가 더 많이 눈에 띈다. 이쪽저쪽으로 끊이지 않고 오가는 차량을 보면서 우리보다 어떻게 사고율이 낮은지 차츰 깨닫게 되었다. 과연 자동차 대국이고 선진국이라는 걸 실감했다.

차량이 부드럽게 미끄러지듯 달리도록 도로포장과 관리가 잘되었다. 신호체계와 안내 표지판이 안전하고 편리하게 곳곳에 마련되었다. 하지만 이러한 하드웨어보다 더욱 놀라운 건 이곳 운전자들의 운전 습관이다. 물론 예외도 더러 보았으나 대부분은 보는 사람이 있거나 없어도 자율로 운전 규칙을 잘 지킨다.

만약 운행 법규를 위반하면 범칙금이 어마어마하다고 알고 있다. 특히 이곳에서 한국에서 통하는 방식으로 눈치껏 운전하다 적발되어 큰 곤욕을 치른 사례를 많이 들었다. 범칙금이 많아서 이들이 그럴 수 있다고 생각해 볼 수 있지만 그런 판정보다는 평소 습관에 바탕을 둔 자연스러운 현상으로 보는 게 타당하다는 사견私見이다.

우리나라 도로에서 자주 보는 법규위반 적발용 감시 카메라를 도통 찾아볼 수 없다. 우리와 비교할 수 없이 넓은 땅 곳곳으로 거미줄같이 촘촘한 도로에 카메라를 일일이 달아 강제로 통제하기도 쉽지 않겠지만 그것보다 자율 통제를 더 선호하는 거로 보인다. 긴 거리를 오랜 시간 운전해도 한국보다 피로도가 훨씬 낮은 건 아마도 자동차 천국 같은 이런 환경이 아닌가 싶다.

## 직선과 곡선

네바다주를 지나 캘리포니아주에 들어선다. 데스밸리가 양쪽 주에 걸쳐있다. 네바다주에선 해수면과 같은 높이로 도로가 낮았다. 산 고개를 넘어 호수가 보이는 캘리포니아주로 도로 내려온다. 직선 도로가 끝없이 펼쳐진 길을 달려왔다. 캘리포니아 베이커스필드에서 숙박한 뒤 우리는 세쿼이아 숲으로 차수를 향한다.

오렌지 나무가 양옆으로 늘어선 직선 도로를 달린다. 산기슭에 접어들면서 비로소 곡선 도로를 만난다. 뉴욕을 떠나 자동차를 몰고 미국 땅을 밟기 시작한 지 20일쯤 지나기까지 직선형 도로만 달렸다. 그것도 거의 평지 길에 끝이 보이지 않는 직선 도로를 지루하고 다소 짜증스럽게 달리고 달리며 캘리포니아로 들어왔다.

캘리포니아 세쿼이아 숲을 찾아가며 미국 도로도 직선형만이 아닌 곡선형도 있다는 걸 마침내 발견한다. 다소 낯선 현실이나 세상은 한 가지만 있지 않다는 걸 굼뜨게 확인한다. 늦게라도 알게 된 걸 다행으로 여긴다. 여행에 나서려는 것은 보지 못한 것을 만나고, 들어보지 못한 걸 체험하려는 욕구가 아닌가.

미국 도로가 직선형 만이 아닌 곡선형도 있다는 걸 보면서 인생도 직선형과 곡선형이 있겠다 싶다. 직선형 도로를 달려보면 운전이 무척 편하다. 핸들에 손을 올려놓고 전방을 주시하면 된다. 피로도가 덜하니 오랫동안 달릴 수 있지만 지루하고 졸리기 쉽다. 이에 반해 곡선형 도로는 속도가 느리고 한눈팔 수도 없지만 스릴을 느낄 수는 있다.

지나온 인생을 돌이켜 보면 곡선형 주로를 달려온 것만 같다. 2년제 교육대학을 졸업하고 초등 교사로 사회로 나섰다. 그대로 직선형 인생으로 가지 않고 야간대학에 진학에 곡선형으로 바꾼다. 심한 곡선형은 아니어도 중등학교 교사로 약간 튼다. 다시 대학원에 진학하고 대학 강사와 조교를 거쳐 대학 교수로 진출했다.

출발지와 목적지를 지도상에서 보면 직선형이지만 가는 길은 직선과 곡선이 섞인다. 출생과 사망도 직선이지만 가는 길엔 곡선이 끼어든다. 누구나 인생이 직선형만은 아닐 것이다. 정도 차이는 있을지라도 곡선형도 끼어들 터. 직선형과 곡선형이 조화를 이룰 때 멋진 인생이 아닌가. 미국 도로를 달리다가 다시금 인생 의미를 되새겨 본다.

# 미국 미국인

 미국을 모른다. 미국인은 더 모른다. 미국 땅에서 로드트립을 하면서 이 사실을 깊이 부끄럽게 깨우친다. 코끼리 뒷다리 더듬기 수준에도 미치지 못한 정도에서 미국을 말해 왔고 미국인을 생각해왔다. 한 달 동안 여행한다고 크게 달라질 것은 없다. 하지만 직접 겪은 체험 몇은 말할 수 있겠다.

 뉴욕에서 네 바퀴를 굴려 플로리다 마이애미비치까지 올 때는 안 보였다. 직선으로 뻗은 도로와 양옆으로 늘어선 수림뿐이라 넓은 평지만 보였다. 어떻게 이토록 평평한 도로가 직선으로만 가능한지 놀라면서 액셀을 밟았다. 어디까지 이럴까 하고 내심은 놀라움과 부러움과 질투심이 범벅 탕이 되어 부글부글 끓어 넘쳤다.

 루이지애나를 거쳐 텍사스, 뉴멕시코와 아리조나 네바다를 넘어 캘리포니아에 이르자 비로소 미국 땅 실상을 만났다. 눈에 담을 수 없는 넓이와 그 아래 잠긴 광대한 자원이 보였다. 그중 일부만 쓰고 나머지는 재워두고 있다는 걸, 지금도 넘치는 저것을 다 개발하고 쓰려면 셀 수 없는 세월과 인력이 필요하리란 걸 현장은 그냥 모르쇠로 침묵할 뿐이었다.

미국인은 아무 곳에서 누구에게나 총을 빼 들고 발사하는 줄로만 알았다. 거리는 쓰레기와 노숙자가 널린 채 범죄와 탈법이 여기저기에 넘실대는 데로만 알았다. 나만 이렇게 생각하지 않았다. 지인들은 미국 자동차 여행이 위험한 만용이라고 다투어 걱정하고 어리석은 짓거리가 아닌가, 라며 일부 조소도 서슴지 않았다.

그동안 만난 미국인은 두 종류였다. 숙소에서 접객하는 사이비 미국인들인 인도계와 중국계, 흑인들은 불친절한 경우가 더러 있다. 하지만 거리에서 만난 미국인은 친절했다. 서투른 영어로 물어도 성심껏 응대했고 사진도 찍어주겠다며 먼저 나서는 사람도 여럿 만났다. 바라보면 잘 웃어주는 등 다양한 인정을 베풀어주었다.

샌프란시스코에서 좁고 복잡한 도로를 헤매 돌다가 일방통행로에 잘못 들어섰다. 그때 횡단보도 도로에 서 있던 키 큰 미국인은 성큼 사거리로 뛰어들어 큰 소리와 손짓으로 오던 차를 정지시키고 우리를 제 길로 안내했다. 그 순간 미국과 미국인에 대한 편견을 도로에 힘껏 소리가 나도록 내팽개쳤다. 정녕 로드트립 교훈이 아닐 수 없다.

# 국민체조

우리는 아침마다 국민체조 합니다. 숙소 근처를 산보하다 마땅한 장소를 찾으면 스마트폰으로 음악을 틉니다. 국민체조 음악이지요. 이 교장 휴대폰에 저장되어있거든요. 집에서도 늘 하지만 미국 땅에서 하는 국민체조는 특별합니다.

혼자 하지 않고 둘이 하는 것도 그렇고요. 음악에 맞추어 팔다리를 움직이는 것도 평상시와 다릅니다. 특히 내가 하는 걸 보고서 동반자가 따라 하는 것도 좋은 거지요. 초등학교 퇴직 교장이니 국민체조에 관해선 전문가이지요. 퇴직 후에 잠시 하다 그만두었는데 이곳에서 다시 하게 되었답니다.

일흔이 넘은 이와 코앞에 둔 두 사람이 출국한 지 한 달이 지난 지금까지 무탈하게 여행하는 것도 국민체조 덕이 아닌가 생각하지요. 걷는 건 별로 없는 자동차 여행인데도 둘 다 잘 견디는 건, 이것 말고는 다른 이유를 찾기 어렵다고 봅니다. 먹고 자는 것도 집에서와 달리 많이 부족한데 말이지요.

며칠 안 남았지만 우리는 국민체조를 계속할 겁니다. 이 교장도 귀국한 뒤에도 습관화하겠다고 그러네요. 국민체조를 꾸준히 하면서 나름 건강 비결로 믿고 있지요. 이 체조를 고안하신 분께 감사하는 마음을 늘 품었는데, 이곳 미국에서 다시 한번 고맙다고 고백합니다.

샌프란시스코 베이 앞바다 보며 국민체조를

# 미국 화장실 사용법

 미국 화장실 사용법을 공개합니다. 일반 사용법과 다르기에 망설였지만 용기를 내어봅니다. 이 글을 보신다면 이런 것도 있구나, 그러실 겁니다. 기발한 건 아니고 현지 사정을 고려하다 보니 이렇게 되는 거구나 여길 수 있겠지요.

 우리가 예약한 숙소는 저가 모텔이 많습니다. 방 크기는 다르지만 큰 침대 한 개, 또는 작은 것 두 개와 욕실 겸 화장실이 보통입니다. 세면대는 욕실에 딸려 있기도 하고 침실 한쪽에 따로 있는 경우도 있습니다. 취침 습관이 다른 둘이 사용하려면 불편한 게 좀 있지요.

 가장 큰 차이는 취침과 기상 시간이 다른 겁니다. 저는 일찍 자고 일찍 일어나는 아침형인데 이 교장은 반대로 늦게 자고 늦게 일어나는 저녁형입니다. 이런 불일치를 해소하는 방법의 하나가 바로 화장실을 특별하게 사용하는 거지요.

 여행하면서 블로그에 올릴 글은 대개 새벽에 씁니다. 전등을 켜야 하지만 동행은 깊이 잠들어 있으니 불을 켤 수가 없지요. 상대를 방해하지 않는 필요 공간은 화장실뿐입니다. 화장실에서 쓴 글이라고 혹시 제 글을 읽으시면서 불쾌해하지는 않으시겠지요. 감사합니다.

## 불쌍한 로스앤젤레스 시민

그는 단호하게 말했다. 로스앤젤레스, 볼 게 뭐 있어요? 비치나 할리우드 산 뿐예요. 그래서 여기 와요. 주차장에서 아내와 둘이 차 안에서 음식을 먹다가 우리를 만난 꽤 나이가 들어 보이는 교민은 이런 로스앤젤레스에 여행 온 우리가 안 되었다는 듯 말했다. 그 말을 들으면서 뭔가 의아스럽게 생각했다. 정말 그런가.

미국 제2대 도시에 사는 시민 말이라 하기엔 믿음이 안 간다. 하여간 우리는 신발을 갈아신고 산 위로 흙길을 걸어 올랐다. 도로로 이어지는 길에서 그리피스 천문대로 향했다. 천사 날개와 할리우드 사인(Sign) 배경으로 얼굴도 스마트폰 화면에 담았다. 돔 건물 안에서 전시물을 보고 바깥 베란다에서 로스앤젤레스 시내를 내려다보았다.

좌우 멀리 떨어져 고층 빌딩이 몇 개씩 솟아 있고 그밖에는 낮은 건물들이 밋밋하게 밀집해 있다. 뉴욕 맨해튼 센트럴파크처럼 녹지 공간도 보이지 않는다. 로스앤젤레스를 내려다보는 할리우드 간판이 자리한 몇 개 산등성이가 녹지 전부였다. 이 산도 녹화율緣化率이 무척 낮아서 서울을 둘러싼 산들과 비교할 수 없이 초라하기만 했다.

산에서 내려와 한인촌을 찾아갔다. 여기저기 한글 간판을 둘러보고 주유소에 갔더니 교민도 커다란 고급 차에 주유 중이었다. 우리를 보고 그 나름의 부유를 자랑하듯 보였다. 하지만 이렇게 특징도 없이 낡고 복잡하며 넓기만 한 도시에 사는 그가 어쩐지 애처로웠다. 마땅히 갈 데가 없어 할리우드 산 아래 공원 주차장을 찾아온 교민과 겹쳐 보였다.

# 캄 백 쑨

캄 백 쑨(Come back soon)! 체크아웃 하면서 방 열쇠를 내밀자 그가 말했다. '다시 그 모텔에 머물기를 바란다'고. 퇴실 준비하는 우리 방 앞을 지나면서 난데없이 자기 아침밥을 내놓으라고 말해 당황해하니, 조크였다고 너스레 떤 인도계 남자. 어제는 우리에게 1층 방을 내주는 배려를 해주었다.

접수가 끝나 보니 2층 방이라서 짐이 많으니 1층은 안 되느냐고 부탁했다. 처음엔 방이 없다고 해 돌아서려는데 잠시 기다리란다. 컴퓨터 화면을 이리저리 살피더니 접수한 서류를 가져와 고치고는 1층으로 바꾸어주었다. 사무실에 가까운 방으로 장애인용이라 욕실이 꽤 넓었다.

오늘은 로드트립 마지막 날. 1시간 정도만 운전하면 한 달을 함께 달렸던 차와 이별한다. 처음이란 단어를 여러 번 만나게 했던 지나간 한 달이 문득 새롭게 다가선다. 차창 밖으로 스쳐 지나가는 거리 풍경이 가슴으로 파고든다. '캄 백 쑨'이란 말과 겹쳐 찡하게 마음 한쪽을 울린다.

렌터카도 처음, 미국 자유여행도 처음, 친구와 둘만 함께하기도 처음, 온통 처음으로 시작한 지난 한 달이 어느덧 태양 흑점 사이로 빨려 들어

갔다. 캄 백 쏜을 떠올리면 두번 째란 말도 쓸 수 있을까. 조크라고 너스레웃음을 짓던 그 친구 말처럼 이 땅에 곧 다시 오게 될까. 꼭 다시 오고 싶다.

## 미국식 경로 우대

"그냥 타도 돼요." 로스앤젤레스 민박집 사장이 그랬다. 렌터카를 반납하고 숙소로 돌아오는 방법을 물었더니 대답한 말. 버스와 전철 이용에 관해 알아보니 버스비는 안 내도 그만이란다. 더구나 시니어는 할인도 해주지만 안 내도 뭐라 하지 않는단다. 정말 그런가 하고 렌터카에 올라 마지막 드라이브에 나섰다.

렌터카 반납할 시간이 조금 여유 있다. 롱비치에 가볼까 했는데 거기는 항구라 해변 찾기가 힘들다고 해 가까운 맨해튼 비치로 갔다. 주차할 곳을 찾는데 시간은 태평양 해류보다 빨리 흐른다. 겨우 한 자리 찾고 서둘러 다리 위 소형 수족관을 둘러본 뒤 해변 모래밭을 걸어가 짠물이지만 손과 발도 적셨다. 급히 렌터카 반환 장소로 달렸다.

구글로 검색해보니 근처에 숙소로 갈 버스가 있다. 사장 말이 진짜인가 싶지만 젊은이들 탈 때 뒤따라 무턱대고 승강대로 올라 뒷좌석으로 갔다. 버스 기사는 아무런 제재도 않는다. 자세히 보니 자동리더기로 요금을 내는데 별달리 체크 하지 않는 것처럼 보인다. 승객은 타면서 요금 지불 여부를 확인받지 않는다. 우리는 그대로 앉아 오다가 숙소 근처에서 내렸다.

 아침에 숙소 사장한테 어제 버스 공짜로 탄 얘기를 하니 여기선 음식점에서도 시니어 할인이 있단다. 같은 음식도 할인가를 적용하니 계산 전에 확인하란다. 공공시설 입장료 할인도 있다. 공식 시니어는 60세 이상이지만 55세부터 인정하는 곳도 있단다. 65세부터 전철만 무임승차로 대접해 주는 한국과 너무 다른 경로 우대를 접하니 약간 부럽긴 하다. 여기서 눌러 살아볼거나?

## 반세기만의 대화

　부부가 마당에서 손을 흔든다. 잔디밭 부겐빌레아 잎새에 아쉬움을 부탁하고 우버 택시에 오른다. 차는 숙소로 달려갈 것이다. 며칠 지나면 더 먼 곳으로 되돌아가야 한다. 남겨둔 우리 이야기는 태평양을 건너 바람결 따라 알맞게 부화하리라. 부겐빌레아가 꽃 필 언젠가를 기다려 보련다.

　그곳에 도착할 때도 부부는 손을 흔들어 잡으며 환영했다. 반세기만의 대화는 그 순간부터 떠날 때까지 7시간 여 이어졌다. 그동안 못했던 이야기보따리를 마치 한 번에 풀겠다는 듯 쉴새 없이. 우리 대화는 태평양 물결보다 더 높이 출렁댔다. 50년 만의 만남이니 어찌 안 그러겠는가. 최근 삶의 근황부터 문학과 수필 이야기까지 넓고 넓은 미국 땅을 닮은 게 아닐까.

　그녀와 나는 대학 동기다. 같은 반에서 2년제 초급대학을 함께 다녔다. 초등 교사 양성대학인데 73년 입학할 때는 선후배들과 달리 남녀가 한 반으로 편성되었다. 전교생이 동일한 강의를 받았으므로 학과 편제가 아닌 고교처럼 반으로 불렸다. 남녀가 함께 공부하기는 초등 시절 4학년

이후로 처음 겪는 신기하고 어색한 공간이었다.

그녀와 나는 노는 물(?)이 달랐다. 지금 기억으로는 2년간 둘이 대화한 적이 없다. 그녀가 특별히 관심 영역 안에 있지 않았다. 그저 이름과 안면을 익힌 채 각자 삶의 바다로 일엽편주처럼 떠돌기 반세기 만에 대화 광장에 손잡고 입장한 셈. 13년이나 17년 주기로 출현하는 주기매미(Periodical Cicada)를 넘어 50년을 잠복해 살다가 만날 수 있다니, 어찌 예사로운 일인가.

각자 선택한 대로 대학 문을 나서서 반세기 동안 열심히 살았다. 그녀는 신앙심 따라 목사와 손잡고 미국으로 건너왔다. 성공한 이민이 그러하듯 그 땅에 뿌리를 내리려고 무던히 영육을 갈아 넣었다. 너른 잔디밭 가에 자리잡고 꽃피는 부겐빌레아가 되기 위해 한국에서 수련하고 익힌 교육자의 길로 매진했다. 결국 그녀는 나름의 터전을 마련했고 이제는 은퇴하고 다른 길로 가는 중에 나와 조우했다.

나 역시 대부분 동기가 선택했던 초등교육 현장을 이탈했다. 야간대학에 편입해 중등교사 자격증을 획득했다. 대학원에 진학해 강사로 전국을 떠돌았다. 10년을 채우고 모교의 부름을 받았다. 20여 년 봉직하고 활동의 자유를 찾은 지 여러 해. 어쩌다 미국 땅에 발길이 닿았다. 그녀 소식은 우연히 알게 되었다. 미국을 여행하는 도중에 필연처럼.

그녀는 은퇴하며 문예 창작의 길로 들어서 맹활약 중이다. 문학소녀의 꿈을 환갑이 지나 실현하고 있는 터. 인생길에서 나름 성공한 사람은 다른 분야로 진출해도 특유한 끈기와 열정으로 자신의 길을 만들어간다. 그녀가 그렇다. 한국 사이버 대학을 눈꺼풀을 밀어 올리며 수강해 문학을 공부했고 시인, 동화작가, 수필가로 재미작가회 일까지 맡고 있다.

우리는 신상 대화를 그녀 장녀가 안내한 브라질식 고깃집까지 이어갔다. 너른 마당이 부러운 그녀 집 거실 겸 집필실에서 우리는 또 진지하게 문학 창작 얘기로 방향을 틀었다. 10년이 넘었지만 미미한 수필가인 나와 그녀는 문학 열정만은 태평양 파도를 덮어버릴 기세였다. 어떤 대화라도 소중한데, 반세기만의 문학 동지간 소통이 어찌 보배롭지 않겠는가. 결국엔 문학도 작가와 독자의 대화가 아니랴.

# 굿바이 아메리카

5월 20일에 미입국 심사장을 나섰다. 내일이면 출국 심사장에 들어설 것이다. 43일 만이다. 뼈를 묻을 땅에 돌아간다. 가족과 친지들과 재회할 것이다. 이 밤이 지나면 여태껏 지냈던 삶과 작별이요, 멀어진다. 웨딩케익 가요 가사처럼 "이 밤이 지나면 원치 않는 사람에게로"가 아니라 원하는 사람에게로 되돌아간다.

어느새 돌아갈 날이 다가왔다. 원하지 않은 것은 아니지만 지나고 보니 빨리 돌아온 듯싶기만 하다. 지켜보지 않아도 저 혼자 흐르는 깊은 강물처럼 시간은 홀로 시곗바늘을 열심히 돌려왔나 보다. 어쩌다 엉겁결에 저지른 미국 로드트립, 철부지가 호기심 하나로 불장난하듯 시작한 우리 자동차 여행. 드디어 종장을 앞두고 있다.

미국 땅에서 마지막 와인 잔을 기울이며 감상에 젖는다. 겁 없이 시작한 대륙 횡단. 지나고 보니 감히 말할 수 있다. 보잘것없는 인생에서 황금기 한 시기를 보냈노라고. 100세 철학자 김형석 교수는 언젠가 가장 행복한 인생 시기가 언제였냐는 물음에 답하기를, 70대였다고 말한 걸 기억한다. 이번 여행을 마치며 비로소 김 교수의 말씀을 진정으로 이해하게 되었다.

　미국을 떠나는 내일도 우리는 그동안 하던 일을 계속하리라. 숙소 근처 공원을 찾아 국민체조를 할 거다. 로스엔젤레스 민박집에서 가까운 곳에 제시 오웬스 공원이 있다. 그곳에서 몸을 풀고 난 뒤엔 근처 맥도날드 가게에서 햄버거와 커피로 미국식 아침 식사를 마지막으로 하겠지. 그러곤 짐을 챙겨 공항으로 가 마침내 미국에서 출국한다. 굿바이 아메리카!

제시 오웬스 공원 입구